전설의 조종사

이륙을 허가함(Clear for take off)

전설의 조종사

초판 1쇄 인쇄 | 2022년 08월 08일
지은이 | 홍싱록
펴낸이 | 이재욱(필명:이승훈)
펴낸곳 | 해드림출판사
주 소 | 서울 영등포구 경인로82길 3-4(문래동1가 39)
센터플러스빌딩 1004호(07371)
전 화 | 02-2612-5552
팩 스 | 02-2688-5568
E-mail | jlee5059@hanmail.net

등록번호 제2013-000076
등록일자 2008년 9월 29일

ISBN 979-11-5634-505-3

傳說의 조종사

이륙을 허가함(Clear for take off)

홍성록 자전 에세이

부록

- 항공기 조종사가 되는 길
- 항공사 정비사가 되는 길

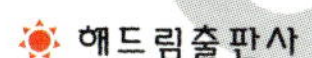

당신은 이 세상에서

참 소중한 사람입니다.

님께

....

 드림

서문

파란만장한 장교,
특별난 삶을 살아온 퇴역 조종사의 이야기

사람으로 태어나 한평생을 살아가며 각자 자기 운명대로 살다가 한줌의 재로 남을 텐데 나 또한, 주어진 운명대로 살다 보니 어느덧 환갑을 맞이했다.

흔히 한평생 살면서 생계를 유지하고 보람과 노력을 많이 하고 시간적으로 많이 투자한 직장을 인생 제1막이라고 하고, 메이저 직장에서 퇴임하고 능력도 좀 뒤처지고 그보다 짧은 세월을 다니고 보수를 좀 적게 받으며 다니는 직장이나 개인 발전이나 여유를 가지고 생활하는 것을 인생 제2막이라고 한다. 이렇게 볼 때 나는 인생 2막 3장을 살고 있는 셈이다.

제1막은 장교로 살아온 군인 이야기이고 제2막 1장은 전역 후 사회 첫발을 내디딘 전남과학대학교 초빙교수 이야기이고 제2장은 재향군인회 사무국장으로 짧게 근무한 이야기이다.

제3장은 한국 에어텍 항공전문학교 외래 강사로 3년간 근무한 이야기이다. 제4장이 남아 있기는 하다. 하지만 인생 육십이면 환갑인데 환갑을 맞이하여 여기까지 이야기만 해도 지면이 넘치는 터라 애써 인생 4장 이야기는 미루어 두는 것도 아름답다 생각된다.

자서전이라는 것이 내 삶을 추억하는 것인데 과거 생각에 오래 잠겨 있는 것도 바람직하지 않다는 생각이 든다. 하고 싶은 이야기는 구구절절하지만 많이 축약해서 이야기를 마무리할 생각이다.

가난한 농부의 아들로 태어나서 초동목부로 어린 시절을 보내고 흔히들 범생이라 부르는 모범적인 성품을 지녔고 청년기에 뜻한 바가 있어서 진로를 군인으로 정하여 육군 장교로 임관하여 특공대 소대장을 마치고 조종사가 되어, 파란만장한 장교 조종사로서 특별한 삶을 살아온 퇴역 조종사의 이야기를 환갑을 맞이한 해에 회고록이 되는 글로 남기고자 한다.

나 스스로 뒤돌아보고 아무리 생각해도 경이로운 경력과 역사이다. 한순간의 방심이 돌이킬 수 없는 결과를 초래하는 것이 조종사의 운명인데, 30년 동안 전역하는 순간까지 수많은 훈련과 전천후로 조종을 하면서 무사고 비행기록을 계승했다는 것이다.

항공작전사령부 109 항공대 대장으로 근무할 때, 전술훈련평가 최우수부대로 평가받았고 국군의 날 행사 때 대통령님 앞에서 헬리콥터 편대비행을 지휘한 대대장으로서 임무를 수행하면서도 한 건의 항공기 사고 없이 5만 시간 무사고 비행기록을 수립하고 '무사고 부대'의 전통을 계승시켰다.

508 항공대장으로 근무할 때도 최전방에서 주야간 전천후로 가장 많은 작전을 하면서도 전군 항공안전 최우수부대로 선정되었고 부대 17,000시간 무사고 비행기록을 수립하였다. 이때도 나는 주야간 비행 편대를 진두지휘하면서, 개인 통산 2천 시간 무사고 비행기록을 달성했다.

고정익 비행기와 회전익 헬리콥터 5개 기종 조종 자격을 보유하였고 500MD 헬리콥터는 시험비행 조종사 자격을 보유하였으며 국토교통부 사업용 헬리콥터 조종면허를 보유한 유일한 항공 지휘관이었다. 청춘을 창공에 바쳐 조종사로 살아온 거룩한 삶이라 사람들이 필자를 '살아있는 전설'이라고 불러주었다.

좋은 이야기는 기억해서 간직하고, 살아오면서 더러 다른 이로 하여금 마음이 불편했던 일들은 타산지석으로 삼으면 그 또한 의미가 있으리라.

2022년 5월

저자

차례

뿌리

제1막 제1장

제1막 제2장

제2막 제1장

제2막 제2장

제2막 제3장

나의 지난 이야기

부록

뿌리

나의 애기(愛機)와의 재회

넘실대는 파도 소리가 그리운 성하의 계절에 애기(愛機)를 만나러 남쪽으로 간다. 대학에서 강의를 맡고 5년이 흘렀다. 항상 처음 시작한다는 마음으로 학생들에게 어떻게 도움을 줄 것인가를 고민하고 생각하며 교육자의 사명을 다해야 한다는 생각에는 변함이 없다. 초심으로 상경할 때와 지금 헬리콥터가 있는, 내 고향 남쪽 바닷가 진해로 출장을 가는 기분이 상당히 대조적이라 격세지감마저 느낀다. 창공에서 나와 30년간 생사고락을 함께한 애기(愛機)를 만나러 가는 길이다. 남으로 가는 길은 참 행복하다.

용혜원 시인의

「너를 만나러 가는 길」이라는 시가 생각난다.

나의 삶에서 너를 만남이 행복하다.
내 가슴에 새겨진 너의 흔적들은 이 세상에서 내가 가질 수 있는 가장 아름다운 것이다.

나의 삶의 길은
언제나 너를 만나러 가는 길이다

–중략

이 지상에서 내가 만난 가장 행복한 길
늘 가고 싶은 길은 너를 만나러 가는 길이다.

나의 청춘은 조국의 하늘을 지키는데 바친 빨간 마후라의 사나이다.

생사를 넘나드는 전설 같은 사연을 간직하고 30년 무사고 비행이라는 대기록을 수립하였다. 조국의 창공을 지키는 숭고한 사명을 다하였다. "노병은 죽지 않는다, 다만 사라져 갈 뿐이다"라는 맥아더 장군의 전역 연설처럼 영광스러운 퇴역을 하였다. 비록 군에서는 소명을 다하였으나 뜻을 다 이루지는 못했지만 항공기에 관한 특별한 지식과 기술을 보유한 덕분에 전역 이후에 대학 강단에서 항공기 정비사를 꿈꾸는 학생들에게 꿈과 희망을 주며 항공기 강의로 제2의 인생의 투혼을 불사르고 있다.

내가 청춘을 비행기와 함께 조국의 하늘에서 보내고 퇴역했는데 나보다 더 많은 40여 년 넘도록 대한민국의 창공을 수호한 나의 애기(愛機)도 수많은 전설을 간직한 채로 그 소명을 다하고 퇴역하여 역사의 뒤안길로 조용히 물러나게 되었다. 인생에서는 회자정리 거자필반(會者定離 去者必返)이라는 말처럼 이별과 만남이 있지만, 퇴역한 비행기는 또 어떻게 만난다는 말인가? 하물며 한 시대를 풍미한 조종사와 비행기가 퇴역 후 다시 만나는 이런 감격이 또 어디에 있다는 말인가? 헤어진 옛 애인을 다시 만나면 이러한 감격일까? 내가 군에서 오래 근무한 다음 대학 강단에서 강의하듯이 퇴역한 나의 애기도 검은 솔개의 위용으로 의무를 다하였지만, 비행기를 배우는 학생들에게 교육용으로 활용되면서 그 가치가 또다시 빛을 보게 된 것이다.

군에서 전투 장비 현대화의 일환으로 신 장비를 도입하면서 기령(機齡)이 오래된 장비를 교체할 때 이 장비를 필요로 하는 학교기관에 교육용으로 활용할 수 있도록 배려를 하는데, 이번에 우리 학교도 절차에 따라 육군으로부터 협조를 받아서 헬기 한 대를 도입하게 되었다. 살아서는 나라 지키는 일에 헌신을 다하고 퇴역 후에는 비행기 정비기술을 배워서 미래 산업의 역군을 양성하는 학교에서 교육용으로 활용되니까 얼마나 보람된 일인가?

나로서도 내 몸처럼 아끼고 보살피던 '애기'를 다시 만나, 후학을 양성하는 학교에서 가장 보람되게 활용되어서 기쁨과 보람이 넘친다.

내가 조종사가 되어 처음 배치받은 곳은 수도권에 있는 비행장이었다. 여기서는 사단급 이상 부대에서 정찰 및 전령 포사격 관측 및 조정 지휘 통제용으로 운용되었던 0-1A 고정익 항공기를 조종하는 조종사로 근무하였다. 그 후 육군 항공 주력 기종이 헬리콥터로 대체되면서, '헬리콥터 조종사 기종 전환 교육'을 받고 본격적으로 헬리콥터 조종사의 길을 가게 되었다. 다양한 헬기를 조종했지만, 특히 이번에 다시 만난 500MD 헬리콥터와는 특별한 애착과 사연이 많다. 500MD 기종의 시험비행 조종사이기도 하고 사단장 지휘 통제용으로 운용될 때 지휘기 전속 조종사로 생사고락을 함께한 헬리콥터이다. 동해안 최북단, 대청봉과 건봉산 오소령, 고황봉 등 산악과 동해안 해안선을 동시에 지키는 부대에서 열정적으로 근무한 사연들과 나라를 지키다가 비행기 사고로 유명을 달리한 동료 조종사 전우들의 모습이 주마등처럼 스치고 지나간다.

바람이 많이 불고 눈이 많이 오고 산불이 많이 나는 설악산과 건봉산, 동해안 고성, 속초, 양양, 그때도 동해안 산불이 자주 발생했는데 민간에서 헬리콥터가 많이 없던 시절이라 큰불이 나면 군 헬리콥터가 진화 장비를 장착하고 투입이 되어야 진화 가능했다. 여러 부대에서 많은 헬리콥터가 동시에 출동하면 작전 지역 책임 부대장이 컨트롤 타워가 되어서 공중에서 지휘 통제를 하게 되는데 나는 이때에도 지휘기를 타고 지휘 통제 임무를 많이 수행하였다. 산불 진화 임무는 시간과 공간을 분리하여 안전하고 지속적이고 간단없이 산불 지역에 진화 작전이 되도록 하는 것이 매우 중요하다. 적절한 예비대를 편성하고 담수 지역에 담수하는 헬리콥터, 항로상에 있는 헬리콥터, 진화하는 헬리콥터 연료 재보급하는 헬리콥터 등 각 제대의 시공간 분리와 타이밍 관리가 중요하다. 긴급 작전 대기, VIP 임무 전담 조종사, 이 지역에서 운용되는 모든 헬리콥터 시험비행, 전방부대 응급환자 발생 시 긴급 의무후송 임무, 정비시설까지 정비, 입고와 출고 비행 등, 군인 조종사로서 할 수 있는 대부분 중요 임무를 주도적으로 수행하였다.

창공의 이슬로 사라진 동료 조종사도 많았지만 나는 운이 좋았는지 그렇게 많은 임무를 수행하며 주야간 전천후로 비행기를 타고도 무사고로 임무를 완수할 수 있었음에 감사드린다. 약 5년간 최전방에서 전설 같은 조종사 생활을 다하고 육군항공학교 교관으로 차출되어 근무하는 영광을 누리게 된다. 육군항공학교 교관으로 근무할 때 군 최초로 국방 CBT 교육 프로그램을 개발하여 컴퓨터를 활용한 교육방법의 과학화의 일환인 CBT 교육의 효시를 마련하였다.

영관장교로 승진하고 교관 보직을 마치고 육군대학교를 졸업하고 항공작전사령부 공격 헬기부대의 핵심전력인 AH-1 코브라 헬리콥터 부대에서 중대장, 정작과장, 대대장까지 역임했다. 항공작전 사령부 코브라 부대 대대장으로 근무할 때 또 하나의 전설이 있다. 모 방송사 VJ특공대에 소개되기도 했고, 전술훈련 최우수 부대로 선발도 되었다. 이때 우리 군에서는 최초로 연대급 부대를 야간에 공중 강습하는 훈련을 시행하였는데, 훈련의 위용과 효과를 대대적으로 민간 방송에서 홍보하기도 하였다. 이 훈련을 할 때 우리나라 전체 기동 헬리콥터 부대를 선도하는 임무를 우리 부대가 수행하였는데 주도면밀한 계획으로 작전 성공에 기여한 공로로 국방부 장관 표창을 받았다. 또 제54회 국군의 날 행사 때는 공중 헬리콥터 편대비행 부대들을 총괄 훈련시켜서 대통령이 참석하는 행사에 한 치의 오차 없이 수행하고 대대장 임기를 성공적으로 마쳤다.

군 생활 마감을 몇 년 앞두고 있을 때 북한의 무력도발이 도를 넘고 남북 긴장이 최고도로 고조되는 시기에 최전방 항공부대에 또다시 항공대장으로 부임하여 중서부 전선 최전방 영공을 수호하는 책임을 다하였다. 전군이 초긴장 상태로 근무할 때 우리 조종사들이 지휘관인 나를 믿고 주야간 전투태세 유지와 감시 비행 등, 필승의 신념과 불굴의 투지로 실전과 같은 임무를 잘해주어서 참 고맙게 생각하고 잊을 수가 없다. 특히 우방국 VIP께서 판문점을 방문할 때 공중선도 임무를 수행한 작전은 기억에 남는 임무 중의 하나이다. 여기서도 전천후 임무를 수행한 결과 항공안전 최우수부대로 평가도 받고 무사고 비행의 전설을 이어갔다.

이렇게 군에서 다양한 임무를 수행하고 30년 무사고 비행의 대기록을 수립하고 전역 후에는 대학 강당에서 항공인을 꿈꾸는 후진을 양성하고 있으니 얼마나 보람되고 행복한 일인가?

필자가 근무하는 한국 에어텍 항공기술전문학교는 김포공항 근처에 위치하며 국토교통부 지정 항공기 정비사 면허를 취득할 수 있는 2년제 항공기술 전문 교육기관이다.

4차 산업혁명 시대에 미래 산업의 핵심 산업인 항공사에 취업하고자 하는 지원자는 날로 증가하고 있다. 항공기 정비사가 되려면 필수적으로 항공기 정비사 면허를 취득해야 하는데, 항공기 정비사 면허를 취득할 수 있는 전문 교육기관이 국토부 인증 항공기술전문학교이다. 여기를 졸업하면 항공기 정비사 면허를 취득할 수 있고 전문학사 학위를 받으며 국내외 항공회사에 취업하며, 군무원 시험에 응시할 수 있다.

육·해·공군 항공기술 부사관에 지원할 수 있으며, 4년제 대학 편입과 대학원 진학이 가능하다. 육군3사관학교 지원도 가능하다. 입학 자격은 고등학교 졸업자 또는 동등 이상의 자격을 소지한 사람은 지원할 수 있으며, 수능시험과는 무관하고 내신 성적도 미반영하며 면접 전형으로 학생을 선발한다. 최근에는 일반 대학교를 졸업하고 항공기 정비사 면허 취득을 위해 다시 국토부 인증 항공기술전문학교에 진학하는 학생들이 증가하고 있다.

이번에 군에서 도입한 블랙 카이트 솔개 헬리콥터와 함께 청운의 뜻을 품고 자기의 소질과 능력을 개발하며 자신에 대한 열정을 불사르는 우리 학생들, 꿈과 이상을 이루기 위해서 힘차게 비상하기를 기원한다.

〈블랙 카이트 848 이륙을 허가함(Black kite 848 Clear for take off)〉

2020년 8월 14일 육군으로부터 헬리콥터 1대를 인수하여 벅찬 감회가 차올랐다.

뿌리

나는 경남 의령군 낙서면 감곡리 100번지에서 태어났다.

경사 났다 경사 났다. 우리 어머니 소박 면하고 남양 홍씨 35대 종손 태어났다. 우리 어머니 우리 아버지와 결혼하고 11년 만에 대를 이을 아들을 생산하셨다. 위로 누나가 세 분이라 남아선호 사회에서 아들은 그만큼 집안의 큰 기대일 수밖에 없는 시대였다. 우리 할아버지는 내가 나섯 살 넘도록 발에 흙을 안 묻혔다고 한다. 줄곧 안고 다니셨단다. 아버지는 그 예쁜 아들 한번 안아볼 기회가 없었단다.

할아버지 품을 벗어나지 않았기 때문이다.

우리 할아버지 송천공 홍순욱 님은 1911년 10월 25일 출생하시어 1984년 8월 20일까지 사셨다.

어릴 적 우리 할아버지는 학식과 덕망이 매우 높고 집안은 가난하였으며, 청빈한 유학자의 자질을 다 갖고 계셨다. 공자 맹자 사상에 심취하였고, 그에 대한 사상이나 학문 실천을 동양인으로서 갖는 최고의 덕망과 위상으로 여기셨다.

"군자는 도를 도모하지, 가난을 걱정하지 않는다."라는 논어 위령공 편에 나오는 말을 빌리면 그 시대 상황과 형편이 비슷하다고 할 것이다. 문학과 유학에 매우 조예가 깊으셨고 사서삼경은 물론 한국사, 중국사, 역사, 고전, 천문학, 한의학까지 모르는 것이 없으셨다. 어린 시절 나는, 우리 할아버지가 박정희 대통령 다음으로 똑똑하고 김종필 국무총리보다는 위대한 지도자이자 학자인 줄 알았다.

그것도 그럴 것이 이웃의 존경은 물론이고 지방관리들이나 교장 선생님이 새로 부임해 오시면 가장 먼저 우리 할아버지께 문안 인사를 왔으며, 특히 인접 마을에서 존경받는 교장 선생님께서는 수시로 할아버지께 인사를 오시고, 형님 형님 하시면서 격의 없이 지내시니까 우리 할아버지가 최고인 줄 알았다.

어릴 적 나는 대단한 할아버지의 손자로서 대접을 톡톡히 받았다. 실제로 철이 좀 들어서 5일장에라도 가면 나는 이웃 마을 어르신께도 정중하게 인사를 잘했다. 어르신들께서는 뉘 집 손자가 이렇게 인사성이 밝으냐? 하시면서 꼭 족보를 물어보신다. '감곡마을에 사는 송천 어르신의 손자입니다.' 하면, '그러면, 그렇지' 하시고 '집에 가면 할아버지께 안부 드려라' 이렇게 대부분 스토리가 진행된다.

홍의 장군 의병대장 곽재우 생가
경남 의령군 유곡면 세간2 동길33

백산 안희제 선생 생가
경남 의령군 부림면 입산로2길 37

송천(松泉)은 할아버지의 '호'다. 할아버지의 후광과 유교적인 가정교육으로 나는 모범적인 인성이 어린 시절부터 몸에 배있었다. 우리 집은 언제 어떤 유생이나 학자들이 방문할지 몰라서 항상 막걸리 단지는 준비되어 있었다. 우리 사랑방에는 의령군, 함안군, 합천군, 창녕군, 밀양시, 대구, 부산, 마산, 진주 멀리서는 수원에서도 두루마기를 입으신 유림 학자들이 자주 오셔서 학문을 논하고 인생을 논하시고 가시곤 하셨다.

할아버지께서도 며칠씩 전국을 유람하며 지인들과 학문을 논하고 약주도 한 잔씩 대접받으시고, 시조를 읊기도 하시고 돌아오시곤 하셨다. 가시는 곳은 주로 향교 제사 모시는 행사 참석과 한시 백일장 같은 곳에 많이 가셨고 행사가 끝나면 지인들의 초청으로 며칠씩 묶고 오셨다. 초대받아 가시면 또 문제를 해결해 주어야 할 것이 있다. 상석 비문을 검토해 주시랴, 문집 글을 검토해 주시랴, 등등 그냥 노시다가 오시는 것이 아니신 듯하셨다.

내가 중학생일 때 1976년 전후해서 수원성 복원기념 한시 경연대회에 참가하셔서 시집과 기념품을 받은 기억이 난다.

근동 마을에 아기가 태어나면 아기 이름 지어 달라고 오고, 누가 결혼하면 길일 물어보러 오고 결혼식 주례 부탁하러 오고, 돌아가시면 장례절차 문의하고 묏자리 봐 달라고 오고, 집 지을 때 방향 봐 달라고 오고, 책 쓰면 추천사 써달라고 오고, 대통령 다음으로 바쁘고 존경받는 우리 할아버지셨다. 지역에서 뜻있

호암 이병철 생가
경남 의령군 정곡면 호암길 22-4

홍성록 생가
경남 의령군 낙서면 낙동강로10길 48-7

는 지식인들이 할아버지의 유지를 받들어 삼부계를 만들어 매년 그 덕을 숭상하고 회원 상호 간의 우정을 돈독히 하는 행사를 우리 집에서 하였다. 일종의 팬클럽이었고 팬 미팅을 매년 잔치를 벌여서 하게 된 셈이다.

집안의 시제 때도 우리 집에 집결하고, 집안에 크고 작은 일들을 하는 장소이기도 했다. 그 이면에 음식이며 손님 접대한다고 어머니는 엄청나게 고생하셨다.

할아버지의 유지는 비석에 적혀있고, 고향마을 경남 의령군 낙서면 감곡리 안산에 산소가 있다.

할머니께서는 성주이씨이고 합천군 초계면 옥두리에서 시집오셨다.

1911년 6월 10일 태어나시고 1936년 3월 20일 할아버지와 결혼하시고 1993년 6월 5일까지 사셨다. 전두환 대통령 출생지 인근 마을이다. 정갈하시고 솜씨도 곱고 베를 잘 짜셨고 음식을 맛나게 잘하셨다. 일찍 며느리를 보아서 편하고 깔끔한 품위를 유지하셨다. 슬하에 4남 2녀를 두셨고 아버지는 장남이셨다.

아버지께서는 1930년 우리 가문의 장남으로 태어나 2005년 12월 26일까지 사셨다. 선비이신 할아버지를 봉양하려면 일평생을 근면 성실하게 농사일을 할 수밖에 없었다. 성품이 워낙 온화하시고 착하셨고, 어머니처럼 법 없이도 사시는 분이었다. 우리 부모님 두 분의 착한 심성과 효심은 온 고을이 다 아는 사

할아버지 할머니 산소

실이다. 한평생 효도와 일만 하셨다. 한평생 사시면서 완장이라고는, 큰누님 국민학교 입학하고부터 우리 5남매가 졸업한 낙서국민학교에 막냇동생이 졸업할 때까지 20년 동안 육성회 이사를 한 것이 유일한 완장이었다. 요즘으로 치면 학교 운영위원인 셈이다. 또 하나의 자긍심은 6·25 참전용사이셨다. 제주도 강정대 훈련소에서 신병 교육을 받고 강원도 양양에 있는 야전공병단에 근무하셨다. 참전용사로서 재향군인회 회원으로서 사회단체에 활동하셨고 향교 제사에 참석하시곤 하셨다. 영천호국원에 어머니와 잠들어 계신다.

영천호국원 부모님 잠드신 곳

아버지 군인수첩

1953년도 아버지께서 신병훈련을 받으셨던 제주도 강정대 훈련소

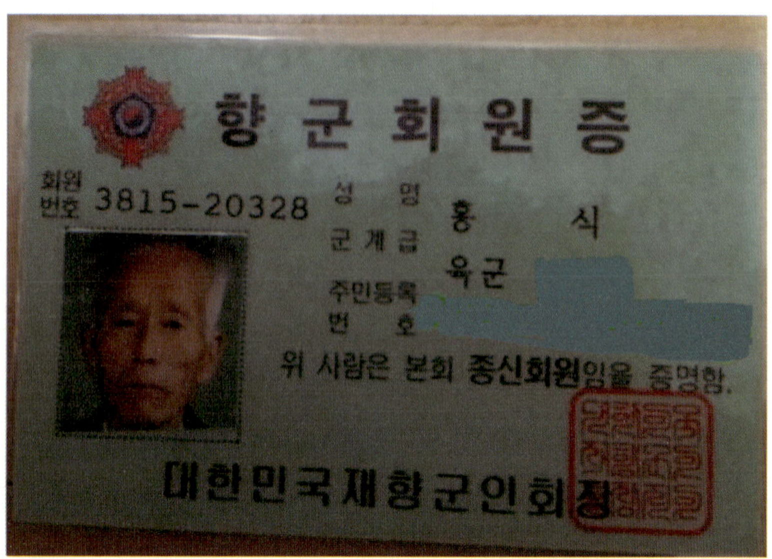

향 군 회 원 증

회원 번호 3815-20328

성 명 홍 식

군계급 육군

주민등록 번 호

위 사람은 본회 종신회원임을 증명함.

대한민국재향군인회장

아버지의 향군회원증

2012년 제주도 여행 중 강정대 훈련소에서

어머니께서는 경주 김씨이며, 경상남도 의령군 부림면 손오리 103번지에서 1932년 10월 2일 태어나셨고, 1954년 8월 14일 아버지와 결혼하셨고, 2014년 2월 4일까지 사셨다. 어머님께서는 천성이 착하고 너무너무 고우셨다. 어른들께는 아무리 힘든 일이 있어도 효를 다하셨고, 평생 이웃이나 자녀들에게 쓴소리 한번 하지 않으셨다. 부림국민학교를 졸업한 그 시대의 여자로서 고급 지식인이셨다.

돌아가실 때까지 신반 부림국민학교 대동창회에 참석하시는 즐거움과 자부심이 대단하셨다. 우리 마을에서 유일하게 마산, 부산, 대구, 서울로 대중교통을 이용하여 나 홀로 여행을 다닐 수 있는 유일한 분이셨다. 꽃신을 신고 국민학교를 다닌 시대의 신지식인이셨다고 해야 할 것이다. 노래를 좋아하셨다. 일요일 정오 전국노래자랑 시간이 되면 만사를 제치고 노래자랑 시청을 하셨다. 일주일의 대표적인 즐거움이고 힐링의 시간이다. 내가 파주에 살 때 임진강에 놀러 간 적이 있는데 거기서 유원지 방송에 나오는 설운도의 잃어버린 30년을 구성지게 따라 부르시던 모습이 눈에 선하다. 83세로 갑자기 돌아가셔서 아쉬움이 더욱 크다. 10년은 더 사셔도 좋았을 것인데 너무나 애석하다.

나의 아내는 대구광역시 달성군 구지면에서 밀양 박씨 박도원과 김귀주 사이에서 태어났다. 경자생이다. 1985년 10월 26일 나와 결혼하였다. 장인께서는 1936년 장모님과 결혼하시어

영천호국원에서 어머니

U-21 비행기는 1984년까지 육군참모총장 전속 비행기로 활약하다가 퇴역하여 육군항공학교에 전시되어있다.

슬하에 5남 3녀를 두셨는데, 중간에 10살 전후된 아들 3형제를 한방에 잃어버렸다. 6·25의 비극적인 참상이 처가에도 휩쓸고 지나갔다. 알토란 같은 아들 3형제가 전쟁 때 남긴 불발탄 폭발로 한꺼번에 세 아들을 잃어버렸다.

천하장사처럼 강인했던 장인께서는 일찍 돌아가셨다. 장모님께서는 철의 여인이다. 8남매를 낳으시고 세 명의 아들을 앞세우고 남편마저 돌아가시고 남은 5남매를 건사하셨다. 우리 아들딸 산후 육아를 다 돌보아주셨다. 1917년 6월 20일 태어나시어 100수를 누리시고 2019년 8월 14일까지 103세를 사셨다.

결혼식 사진 – 부모님과 장모님 큰처남께서 혼주로 서계신다.

할아버지 비문

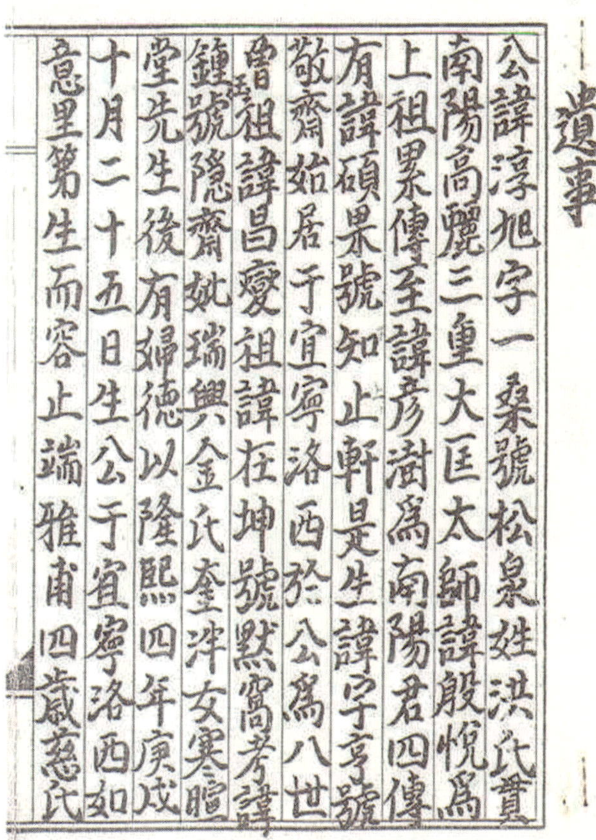
遺事

公諱淳旭字一桑號松泉姓洪氏貫
南陽高麗三重大匡太師諱殷悅爲
上祖累傳至諱彥澍爲南陽君四傳
有諱碩果號知止軒是生諱字亨號
敬齋始居于宜寧洛西於公爲八世
曾祖諱昌燮祖諱在坤號默窩考諱
鍾浩號隱齋妣瑞興金氏奎泮女寒暄
堂先生後有婦德以隆熙四年庚戌
十月二十五日生公于宜寧洛西如
意里第生而容止端雅甫四歲慈氏

유사

공휘순욱자일상호송천성홍씨관 남양고려삼중대광태사휘은열위
상조루전지휘산주위남양군사전 유휘연과호지지헌시생휘자형호
경제시거우의령낙서어공위팔세 증옥조휘창섭조휘재곤호묵와고휘
종호은제비서흥김씨규반녀한훤 당선생후유부덕이륭희사년경술
시월이십오일생공우의령낙서여 의리재생이용지단아보사세자씨

偶然得疾而下世由是疾病浸身於
是依養于祖母朴孺人孺人哀其形
痺影瘠竭誠受育人或比之昔者李
密生長事從祖晩悟公憐其幼弱或
擕手教字音意則一言輒記之見者
異之至六歲晩悟公下世七歲以先
公命負笈于南塊金公受通史至九
歲學於晩山田公十歲之栗里從叔
家受業于蒙泉崔公郞金氏灑清亭
也日公之從叔鍾象氏自密陽來言

우연득질이하세유시질병침신어
비영척갈성수육인혹비지석자이
휴수교자음의즉일언첩기지견자
공명빈급우남괴김공수통사지구
가수업우형천최공랑김씨쇄청정

시의양우조모박유인유인애기형
밀생장사종조만오공린기유약혹
이지지육세만오공하세칠세이선
세학어만산전공십세지율리종숙
야일공지종숙종상씨자밀양래언

於先公曰此兒才質非凡當入新學
以啓文明可也強以促之然時則入
學之時已過而見試於初洞面簡易
學校入于二學年則漢字旣知而不
及者不過日本語而已然至放學而
歸告于先公曰吾邦以倭國之故而
失墜國權難復忠臣烈士往往投獄
裂身此倭人之所行非人道而非人
道之學吾不可學斷然有不去之意
先公甚喜其志之有可尙乃命送趙

어선공왈차아재질비범당입신학
이계문명가야강이촉지연시즉입
학지시이과이견시어초동면간이
학교입우이학년즉한자기지이불
급자불과일본어이이연지방학이
귀고우선공왈오방이왜국지고이
실수국권난복충신열사왕왕투옥
열신차왜인지소행비인도이비인
도지학오불가학단연유불거지의
선공심희기지지유가상급명송조

松菴貞奎公始讀大學論語乙丑冬
贄于陶隱李先生先生期其有成自
是與同里遯山崔公相與講論戊辰
謁立岩南公於汝山亭校晩悟公遺
稿而刊行退與村秀用晝畊夜讀之
功相與講磨己巳大旱糊策甚窘當
時日政酷毒苛斂誅求無所不至而
公亦生計益難恒自裕然癸酉當祖
母喪庚寅先公下世哀毁之節一遵
禮法而未幾大亂作保魂帛入于國

송암정규공시독대학논어을축동
집우도은이선생선생기기유성자
시여동리돈산최공상여강론무진
알립암남공어여산정교만오공유
고이간행퇴여촌수용화주경야독지
공상여강마기사대한호책심군당
시일정혹독가렴주구무소부지이
공역생계익난항자유연계유당조
모상경인선공하세애훼지절일준
예법이미기대란작보혼백입우국

師峰渾眷完廢壬辰十二月誠菴盧
公見訪李濟川李克菴李默軒李中
菴諸公同席誠菴公有詩曰爲言先
世通婚媾曾在巴陵幷有聲又諸李
公各唱四律詩而公乃請先公墓文
於誠菴公癸巳當繼母金氏喪小無
異於前喪甲辰三月觀光於雞龍山
九月謁重齋金公請先世知止軒遺
墟碑文竪於舘亭舊墟又先代未遑墳
墓各俱儀物又刋行先公逸稿丁未

사봉혼권완폐임진십이월성암노
공견방이제천이극암이묵헌이중
암제공동석성암공유시왈위언선
세통혼강증재파릉병유성우제이
공각창사율시이공내청선공묘문
어성암공계사당계모김씨상소무
이어전상갑진삼월관광어계룡산
구월알중제김공청선세지지헌유
허비문수어관정최허우선대미황분
묘각구의물우간행선공일고정미

往參硏修會與裵文會裵文準河在
琪諸公相結交遍蒐輯晩山遺文而
刊行戊申又輯克菴稿請序文於厚
堂成公請墓文於重齋金公刊行于
世而自是數數往來於二丈之門面
質書問無虛世又嘗出入於秋淵權
公之門故請遯齋公遺蹟碑文然以
財力未逮不暇竪碣爲恨焉公性氣
寬厚儀表端正對人接物未嘗有驕
傲動止有常人稱其品性之美戊午

왕참연수회여배문회배문준하재
기제공상결교편수집만산유문이
간행무신우집극암고청서문어후
당성공청묘문어중제김공간행우
세이자시수수왕래어이장지문면
질서문무허세우상출입어추연권
공지문고청돈재공유적비문연이
재력미체불가수갈위한언공성기
관후의표단정대인접물미상유교
오동지유상인칭기품성지미무오

隣防士友爲公設一契而遠近來會
者甚多公嘆曰以余孤陋生無益於
世一死無聞於後者安敢望諸君之有
此擧哉然無已則有一焉詩不云乎
靡不有初鮮克有終諸君但當久以
敬之以責善之道相救則庶兒有始
無終之地也其勉之於是耕菴李元
章兼山洪景武兩丈序之而成契章
公素有清羸之疾及是加歟終于寢
得年　葬甘里　坐之原會送者

인방사우위공설일계이원근래회
자심다공탄왈이여고루생무익어
세사무문어후자안감망제군지유
차거재연무기즉유일언시불운호
마불유초선극유종제군오당구이
경지이적선지도상구즉서면유시
무종지지야기면지어시경암이원
장겸산홍상무량장서지이성계사
공소유청리지질급시가여종우침
득년 장감리 좌지원회송자

數百人公有三男二女男進植瑳植棹植錪植女適驪陽陳奉圭草溪鄭鎬運進植男性祿性復女適清州鄭達洙善山金炳洙一女未成瑳植男性龍棹植男性來性奉女適仁同張光燮錪植男志胎陳男鍾灌鄭男仁澈海澈普澈洙達男昌基炳洙男正潤嗚乎公好善郭厚尤與吾家諸丈交分益篤而況有先世通媾之誼乎去春三月余以先考契事有來濟之

수백인공유삼남이녀남진식차식	도식전식여적려양진봉규초계정
호운진식남성록성복녀적청주정	수달선산김병주일녀미성차식남
성룡도식남성래성봉녀적인동장	광섭전식남지태진남종관정남인
철해철보철수달남창기병주남정	윤오호공호선곽후우여오가제장
교분익독이황유선세통구지의호	거춘삼월여이선고계사유래제지

行適時契事設之公之風進植君之
家則感慨無量然公則已下世而余
喪葬俱不追則百事難贖失依之痛
豈其不大也哉契之夕進植君言於
余曰先君之沒已十數朔於玆而事
行之撰實是難中之難事顧我友人
之中知我先君者莫如君乃以公之
晩年自敍之草示余以強請余謝以
不得略序大槪如右以待他日秉拂
君子云耳乙丑首夏上旬碧珍李純

행적시계사설지공지풍진식군지
가즉감개무량연공즉이하세이여
상장구불추즉백사난속실의지통
기기불대야재계지석진식군언어
여왈선군지몰이십수삭어자이사
행지찬실시난중지난사고아우인
지중지아선군자막여군내이공지
만년자서지초시여이강청여사이
불득락서대개여우이대타일병불
군자운이을축수하상순벽진이순

處士松泉洪公之墓

나의 유년 시절

내가 태어난 곳은 충절의 고장, 인물의 고장, 서부 경남의 오지 의령이다. 그중에서도 3면이 낙동강으로 둘러싸이고 신반천이 서쪽을 막으면 완전히 고립되는 낙서면 감곡리에서 태어났다. 의령이라는 곳은 산이 많고 땅이 척박하여 농경 시대에는 농사짓기에는 부적합한 곳이다. 근면하고 부지런하고 머리 좋은 사람들이 도시로 나가서 억척스럽게 일하고 국가를 위해서 큰일을 도모하다 보니, 큰 부자가 배출되었다. 대표적으로 삼성, 금성, 효성 창업주가 의령 출신이다. 내가 이렇게 훌륭한 인물의 고장에서 태어났다는 사실을 어린 시절에는 몰랐다.

단지, 할아버지의 엄격한 가정교육과 훈육으로 반반하게 자랐으며 유림의 존경을 받는 할아버지의 후광으로 특별한 취급을 받는 것을 인식하며 어린 시절을 보냈다.

대여섯 살 때 우리 집 사랑방에 할아버지께 한문 공부 배우러 오는 동네 형님들이 배우는 천자문과 소학을 어깨너머로 거의 다 배웠다.

막내 누나와 2살 차이가 나는데, 국민학교 입학은 1년 차이밖에 나질 않는다. 체구도 작고 몸도 건강한 체력이 아니라 동급생들과 어울리기가 버거웠다. 이처럼 빨리 학교에 입학시킨 이유는 아주 단순했다. 우리 아버지께서 나의 책값을 아끼려고 그러셨단다. 요즘 시중 언어로 '헐~'이다. 헌책 내려받기가 당연한 현실일 때 누나가 본 책을 바로 받아보면 책값이 들지 않기 때문에, 나를 1년 조기에 입학시켰단다. '허 허 허' 웃음만 날 뿐이다. 세월이 흘러 돌이켜 보니까 체력적으로 성장이 충분히 되고 정신 연령도 또래들과 같이 어울리는 시기에 입학시키는 것이 바람직하다는 굳은 생각이다.

중학교까지 9년을 같이 다닌 내 친구는 3명이다. 우리는 집에서 면 소재지가 있는 학교까지 산길 10리를 9년 동안 동문수학했다. 우리 마을은 면에서도 가장 작은 마을이다. 20여 호 될 것이다.

우리 옆집 친구 이름은 빈형열이라는 친구이다. 키도 크고 얼굴이 잘 생겼고 붓글씨를 잘 썼다. 말하는 어투가 어른들보다 더 어른스러워 어른들이 말문이 막힐 때가 가끔 있었다. 형열이 부모님께서는 얼마나 인자하신지 아들 친구들을 보면 항상 아들처럼 대해 주셨다. 내가 대여섯 살 되었을 때부터 정월이면

차림상을 차려 놓고 아침부터 술을 권해 주셨다. 난 새해가 되면 으레 이웃집에서 차림상에 술대접을 받았다. 이것도 참 단순한 이유다. 남아 선호 사상이 깊었던 청학동 마을 분위기라 정초부터 여자아이들이 집에 먼저 방문을 하면 재수가 없다나?

그래서 서생 같은 내가 골목에 어슬렁대면 서로 먼저 자기 집에 불러서 술과 맛난 음식을 대접한다. 두세 집 돌고 나면 점심때가 되면, 술에 취해 비틀대며 겨우 집으로 와서는 곯아떨어지곤 했다. 참 귀하신 몸이었다. 성장을 하고 객지에 있다가 고향에 한 번씩 갈 때도, 친구 어머님께 꼭 인사드리러 간다. 옛날이야기하며 차라도 한 잔씩 하고 왔다. 어머님 말씀이 참 울림이 있다. '범을 청하지 말고 숲을 가꾸라.'라는 말이 있다고 인용을 해 주셨다. 시간이 흐르고 세태가 바뀌어도 올 사람은 오고 볼 사람은 본다. 남에게 해코지하지 말고 덕을 쌓으라는 가르침이다.

친구 한현상은 아랫동네 살았는데 우리 친구 중 수재였다.

고등학교를 수석으로 입학하여 전교생의 귀감이었다. 부모님께서도 인자하시어 우리가 중학생 시절에 집에서 낮술을 먹고 얼굴이 볼그레해 있어도, 사나이 대장부들이 술도 한 잔씩 해야 한다고 격려해 주시며, 술 먹다 들킨 어린 아들들을 격려해 주셨다. 그럴수록 우리는 더욱 조심하고 예의를 갖추었다.

이 두 친구보다 키도 작고 체구도 약했지만, 나에게도 보이지 않는 단단함이 있었다. 할아버지의 피를 이어받은 학식과 세상을 넓게 관조할 줄 아는 여유가 있었다. 어린 시절 낙동강에서 물장구치고 다람쥐를 좇았다. 환갑을 전후해서 우리 동창생들이 만나면 한마디씩 한다. 조그만 마을 감곡 마을에 사는 세 친구가 모두 잘 살아간다고. 이유인즉 우리 동창생 중에서 공직에 있는 세 사람 모두 가장 작은 우리 마을 출신이기 때문이다. 빈형열 친구는 경찰공무원이고 한현상 친구와 나는 군인 장교 출신으로 공직 생활을 하였기 때문이다.

내가 국민학교 6학년 때 장티푸스와 콜레라가 전국에 창궐하였다. 우리 집에도 누나와 나와 동생이 모두 장티푸스에 걸려서 큰 고생을 했다. 매일 보건소에서 방역을 나오고 약을 무료로 주곤 했다. 재수 없으면 죽기도 했으니까 정말 무서웠다. 학교도 두어 달 가까이 결석한 것 같았다. 가까스로 국민학교를 졸업하고 중학교에 갈 수가 있었다.

이 시절 전 국민은 국민교육헌장을 숙지해야 했다. 관공서, 군인, 선생님과 학생들은 국민교육헌장 낭독이 생활이었다. 이 시절 나는 라디오를 통해서 동요를 듣고 국민교육헌장을 외우는 것으로 원격교육을 스스로 하였다. 그럭저럭 초등학교를 졸업하고 중학교에 입학하였다.

중학생이 된 후 선생님의 일성이 이러했다. '우리 고장 최고의 학부에서 공부하는 여러분들은 타의 모범이 되고 예절을 준수하고 어른을 공경하고 공부를 열심히 해야 한다.'라고 하셨다. 모두 맞는 말씀인데 최고의 학부라고 하는 것이 무엇을 뜻하는

지 어리둥절했다. 중학생 시절에 기억에 남는 것은, 학교 선생님들이 모자란다는 것이다. 미술 같은 것은 생각도 못 하고, 사회 선생님이 음악까지 가르치고, 영어 선생님은 아예 없었다. 시간표에는 있는데 선생님이 없었다. 그날 수업 없는 선생님들이 무작위로 한 분씩 들어오시고, 그것도 여의치 않으면 자습이었다.

그래서 영어는 학년이 끝날 때까지 3과를 못 나갔다. 수업 들어오는 선생님마다 제1과 I am a boy만 가르쳤다.

중3 때 경남지역 우수학생 수련대회라는 게 있었는데 경남 울산 방어진에 있는 경남 학생수련장에서 3일 정도 합숙한 것으로 기억된다.

대상은 우리 학교에서 5명이 참여하였는데 나도 일행으로 함께 다녀왔다.

반장, 부반장과 우수학생 선발이라는 지침인데, 나도 거기에 끼었다. 이때부터 겉멋이 있어서 냉철함이 부족했던 것 같았다.

내가 하고 싶은 이야기는, 이 시기에 나의 진로의 방향이 싹트기 시작된 것 같았다. 여기서 생활은 군용 침상에서 자고, 식판에 밥을 받아와서 먹고, 며칠간의 생활은 군인들의 생활을 모방한 것이었다. 나는 스스로 할 일을 하고, 절도가 몸에 밴 그 생활이 참 마음에 들었다.

장교 출신 선생님들의 모습이 보기 좋았고, 절도가 있고 싸움도 잘할 것 같고, 정말 좋아 보였다.

중3 때는 고등학교 진학을 해야 하는데 마음의 갈피가 복잡해졌다. 시험을 쳐서 가야 했기 때문이다. 실력은 모자라는데 시골 학교는 가기 싫고, 겉멋은 많이 들어 있고 참 난감하기 짝이 없었다. 냉철한 친구들은 모두 분수에 맞게 인근 학교를 지원해서 행복하게 즐기는데, 난 어쩐단 말인가.

겉멋! 아무짝에도 쓸모없는 이 시건방은 삶아서 개나 주어야 할 일이었다.

부모님도 선생님도 올바로 알려 주는 이가 없다. 담임선생님 말씀은 뚜렷하셨건만, 나는 실천을 하지 못했다. 말씀 왈, 실력에 맞는 학교에 지원해서 가라.

부모님 말씀은, 시골에서 사는 형편이 모두 가난하기에 아무 고등학교나 합격하면, 땡빚을 내서라도 보내주고, 좋은 학교에 응시해서 떨어지면 농사를 돕거나 공장에 취직하면 가사에 도움이 된다는 것이다. 이 말씀이 꼭 맞는데도 나는, 그 뜻을 알지 못하고, 시건방지게 시내 좋은 학교에 응시했다가 떨어져서 어린 나이에 눈물 젖은 식은 밥을 먹으면서 초동목부로 생활하면서 1년 재수를 했다.

여기서, 또 하나의 삶의 교훈은 분수에 맞게 살면서 행복을 찾자는 것이다.

초동목부 생활!

이때 이야기는 좀 길다.

중학교 졸업할 당시 우리 집 형편은, 큰누님이 결혼을 앞두고 우리가 사는 집이 허술하여 집을 한 채 다시 짓기로 하여 일을 벌여 놓았고, 큰누님 결혼시키는 일이 중요했기에 내가 고등학교에 가고 안 가고는 중요한 문제가 아니었던 것 같았다. 선생님 말씀이 딱 옳았는데……

나에게 현실적으로 상담을 좀 잘해 주었으면 하는 아쉬움이 많이 남았다.

하여튼, 나는 초동목부 이때 우리 집에 꼭 필요한 일꾼이었다. 소먹이고 풀 뜯고 나무만 할 줄 알면 집안에 기여도가 장골 못지않았다.

아침에 소를 먹이며 소 풀 한 짐을 해서 오전에 소 간식을 먹인다. 오전에 밭일하고 오후에 산에 소 풀어놓고 소 풀 먹이면서 나무 한 짐을 한다. 그 와중에 '해동소학'과 '동몽선습' 등 고전과 삼국지는 나무 그늘에서 짬짬이 보았다. 밤이 되면 중학교 책을 보면서, 올해는 고등학교에 가야지 하는 희망을 버리지 않았다.

이때 우리 집을 지었는데 보조 일은 다 했다. 새집을 다 짓고 우리 마을에 전기가 들어왔다. 호롱불에서 전깃불로 바뀌는 산업혁명이 일어났다. 이 시기에 논을 매고 모를 심을 때, 고등학교 다니는 친구가 교련복을 입고 주말에 고향으로 올 때가 가장 부러웠고, 읍내 심부름 가다가 하얀 블라우스에 감색 치마를 입은 여고생을 보면 정말 부러웠다.

사나이 가슴에 불타는 정열이 타오를 때면 사정없이 노동하였다. 그러다가 몸살이 나기도 하였다. 가슴이 몹시 시릴 때는 낚싯대를 메고 낙동강으로 갔다. 흐르는 강물에 시름을 흘려보내고, 다시 일상으로 복귀하였다. 외로운 강태공의 고뇌를 누가 알리오!

어느덧 1년이 지나 또 진학 문제로 고민을 할 때가 되었다. 사람은 때가 되어야 임자를 만난다고 우리 옆집에 사는 동네 형님인 김태인 선생님께서 창녕에 있는 제일고등학교 선생님으로 계셨는데 진학 시기에 고향에 오셨다가 나를 보고는 성록이 가정 형편도 시골서 다 고만고만하니 도시로 나가서 부모님 부담 드리는 것보다 읍내에 있는 학교로 진학하란다. 매우 고마운 조언이었다. 사실 도시로 나갈 실력도 안 되었고 읍내에 있는 학교가 딱 맞는 내 수준인데 그놈의 겉멋 때문에 혼란스러웠다. 정신 차리고 읍내에 있는 제일고등학교에 응시하였다.

시험 치러 가보니 어이쿠!

응시생이 정원 초과다. 몇 명은 떨어진다는 이야기이다.

1주 정도 있어야 합격자 발표가 난다. 발표 보러 혼자 살금살금 게시판을 본다. 아무리 가로 세로로 보아도 합격자 명단에 내 이름이 없다. 이런 머리가 또 하얗게 된다. 작년에 도시로 나가서 시험 볼 때야 우수학생 많아서 떨어졌다고 해도, 별로 부끄럽지가 않았는데, 이 허름한 시골 읍내에서 낙방하면 정말 창피해서 살 수가 없을 지경 아닌가!

정신이 혼미한데 저쪽에서 동네 형님인 김태인 선생님께서 부르신다. 도살장에 끌려가는 소 꼬락서니다.

"축하한다. 장학생으로 선발되어 별도의 발표자 명단에 있다."

'우와!' 짧은 시간에 인생의 고뇌와 희비를 다 느꼈다.

지옥과 천당을 오간 기분이다. 지나고 보면 이런 일이 이제 시작에 불과하다는 사실을 이때는 몰랐다. 그러나 기분 좋은 출발이다. 구겨진 체면도 살았고 장학생으로 선발되어 부모님 학비 부담도 덜어 주어서 다행이었다. 주말에 집안일 돕기도 편하고 잘된 일이다. 재수하고 입학을 하니까 내 덩치가 중상 정도 되었다. 생각이야 철이 많이 든 어른 못지않았지만, 이 나이 때는 덩치가 어울려야 덩치 값한다.

이래서 다시 한번 말하지만, 체격이 성장하지 못하였을 때 조기교육보다는, 적기 교육이 효과적이라는 현실을 강조한다. 어쨌든 고교 3년 동안 장학생으로 졸업을 했다. 이때 나는 유도를 배웠다. 성실하게 하루도 안 빠지고 수련을 했다. 유도, 태권도 통틀어 전교에서 유일한 블랙벨트 유단자가 되었다. 읍내에서 아이들을 치고 괴롭히고 힘자랑하고 다니던 친구들이 나에게는 시비를 걸지 않았다. 객지에서 유학 온 촌놈이 읍내에서 테러당하지 않고, 참 편안하게 자취를 하면서 학교에 다닐 수 있었다.

힘이란 것이 세상 사는데 참 편리하구나 싶었다.

내 친구들 모범생들은 누구나 불량 친구들 패거리들에게 수시로 당하고 다녔다.

이때 일화가 몇 개 있는데, 경남 도민체전이 마산에서 열렸다. 나는 도민체전에 창녕군 일반부 유도 대표로 나가기 위해서 훈련을 열심히 하였다. 체대에 다니는 선배들이 고향으로 복귀하고 창녕여고 체육 선생님과 군 대표선수들이 합숙하며 시합 수를 익혔다. 고등학생이 일반부로 출전하는 것 자체가 대단하기도 했지만 시합 수를 연마하는 것이 실력 향상에 많은 도움이 되었다. 그런데 학교에서 학생이 일반부로 체전에 참가하는 것은 불가하다는 것이었다.

몹시 아쉬웠다. 대신 내가 특별활동 부서로 있는 사격부가 고등부 대표선수로 도민체전에 참가하게 되었다. 유도 대표선수로 못 나간 것이 아쉽긴 했지만 사격선수로 군 대표선수 유니폼 입고 도민체전에 참가한 것은 대단한 영광이었다. 유도는 경남에서 단체전 3위를 했다. 동메달을 목에 걸 수 있는 찬스를 놓쳤다. 유도관 관장님 조카가 인접 창녕여고 체육 선생님이셨는데, 평소에 연습할 때는 이 선생님께 많은 지도를 받고 스파링 파트너가 되기도 했다. 땀범벅이 되어 한참을 연습하고 있노라면 여고생들이 선생님 훈련하는 모습 구경한다고 창가에서 많이 지켜보고 있었다. 난 나를 보고 좋아하는 줄 알았다. 고향 중학교 후배들도 더러 있었다. 주말에 고향에 다녀오는 길에는 여의 나루터에서 배를 타고 낙동강을 건너고 유어에서 버스를 타고 읍내까지 다녔는데, 내가 재수를 하였기에 한해 후배 동생들과 3년을 통학한 셈이다. 내가 장학생이 되어 착실히 학교에 잘 다니니까 후배들이 많이 왔고 인접한 여고에 다니는 후배들도 많았다.

내 위치가 어느새 남자 후배들에게는 보스가 되어 있었고, 여자 후배들에게는 든든한 믿음의 대상이었다. 공부도 좀 하지. 유도는 읍내서 최고지. 집안 할아버지 후광 든든하지. 이웃집 형님이 학교 선생님이지. 여고 체육 선생님은 유도관 사범이자 스파링 파트너이지. 올바른 길로만 가는 모범생으로 살았다. 가끔 친구들과 술을 한 잔씩 하면 두주불사가 되었다.

공부와 운동과 술을 가끔 먹고 집안일 돕는 것으로 학창 시절을 행복하게 보냈다. 도민체전에 함께 참가한 사격 대표선수는 나와 내 친구들 강문중, 성손준, 하준호 등이었다. 고등학생이 지역을 대표해서 도민체전에 참가하였고, 일반부 형님들과 지내니까 으쓱하게 기분이 좋았다. 군수님의 격려와 군민들의 열렬한 환송 환영 행사가 있었다. 물론 중고교 학생들이 다 동원되어 박수를 보냈다. 하루 전에 마산의 공설운동장 근처에 배정된 여관에 짐을 풀었다. 하루 전이라 사격은 연습할 수가 없었다. 사격연습장이 없기 때문이다. 흥분도 가라앉히고 무료한 시간을 보내는데 한 친구가 숙소 가까운 곳에 사는 고향 여자 친구에게 전화해서 자랑했다. 고향 친구 왔다고 위문을 온단다.

"참 기분 좋네! 이런 곳에서 위문도 다 받아보고."

우리는 가포만으로 버스를 타고 가서 보트도 타고 잘 놀았다. 저녁 늦은 시간에 숙소로 복귀했다. 인솔하신 교련 선생님께 뒈지도록 맞았다. 선수가, 그것도 학생 선수가 보고도 안 하고 숙소에서 무단이탈을 했었다. 인솔 선생님은 정말 오후 내내, 우리가 밤늦게 돌아올 때까지 얼마나 발을 동동 굴렀을까? 죽도록 얻어터지고도 선생님께 미안한 마음이 앞섰다.

다음날 성적은 기대도 안 했다. 일반부와 고등부가 같은 시간에 사격 시합을 해야 하는데 우리 군에서 총이 한 자루밖에 없었다. 형편이 안 되는 시군은 어쩔 수가 없었다. 선수단 구성도 못 한 시군도 있었다.

우리는 이럴 때를 대비해서 비둘기 잡는 공기총을 한 자루를 예비로 가져갔다. 그래도 무방하였다. 단지 시합용 총과 다른 것은 수동으로 공기를 주입한다는 것인데, 총을 거꾸로 세우고 피스톤 왕복운동을 30회 정도 하면 5발 정도 사격을 할 수 있으며, 뒤에 두 발은 공기 압력이 부족하여 총알이 아래로 처진다. 제한된 시간에 10발을 쏘아야 하는데 5발 쏘고 들었다가 놓았다가를 30회 반복하고 나면 시간이 초과된다.

하여튼 우리 사격부 선수들은 꿩 잡는 총으로 도민체전을 나갔고 숙소를 무단으로 이탈했다가 선생님께 뒈지게 얻어터지고 체전 마치고는 개선장군의 일원이 되어 열렬한 환영을 받은 추억을 간직하고 있다.

소풍 가서 반별 씨름대회에서 준우승도 해보고 행복한 학창 시절이었다.

호사다마라고 즐겁고 행복한 이면에 인생 최대의 고민이자 숙제가 남아 있었다.

대학교 진학 문제였다.

고3 예비고사를 며칠 앞두고 10·26 사태가 발생했다. 박정희 대통령이 시해된 사건이었다. 청천벽력 같은 소식을 듣고 기겁을 하였고 전 세계가 놀라고 경악한 혼란의 와중에 예비고사는 예정대로 치러졌다.

결과는 한심했다. 참말! 나의 예비고사 점수로 내가 갈 수 있는 대학교가 없었다. 시골에서 3년 동안 장학생으로 다녔다고는 하건만 도시와 격차가 이렇게 크구나 하는 현실을 몸소 뼈저리게 느꼈다.

중학교 때 영어 선생님 없어서 I Am A Boy만 1년 내내 했던 환경과 끝까지 최선을 다하지 않고 대충하고 스스로 자기만족에 안주한 나 자신이 원망스러울 따름이었다. 요행수를 바라보고 해군사관학교와 몇 군데 대학교에 원서를 내어 보았지만, 결과는 나를 오라는 학교는 없었다.

방황의 시간을 잠시 보내고 또 재수를 맘먹고 부산 사촌 형님께 얹혀서 조방 앞 서면학원에 다녔다. 여기서도 독하게 공부를 안 했다. 오전 수업 마치고 막걸릿집에 가서 막걸리를 즐겼다. 지금 생각해보니 참 희한한 환경이었다.

나의 중학교 친구들이 나를 포함해서 대학 가겠다고 설친 아이들이 여기에 다 모여 있었다. 나는 재수를 하는데 이 친구들 모두 3수를 한다. 이때 유행어가 있었다. 재수는 필수고 3수는 선택이라나. 이제 환갑이 지났으니 실명을 대도 큰일 날 것은 없을 것 같다. 우리 동네 3인방 나, 빈형열, 한현상과 이종훈, 최경식 등이 눈물 젖은 빵을 먹으면서 조방 앞 막걸리로 외로움을 달랬다. 재수하고도 성적은 향상이 없었다.

독하게 맘먹고 지독하게 하지 않는 한 공부에 왕도가 없다는 현실을 또 느꼈다. 노력과 실력도 없이 허황한 생각만 무성한 것이 얼마나 위험하고 무모한가? 고교 시절 한참 공부를 해도 모자랄 시기에, 아르바이트를 한다고 일주일을 빼먹은 기억이 지금도 아쉽게 생각된다. 학교에서 공식적으로 추천하는 자리가 있었다. 물론 대학에 가지 않는 학생들은 경제적으로 도움이 되었다. 나는 대학에 가겠다고 목표를 정해 놓고도 최선을 다하지 않았다. 참으로 어리석은 행동이었다.

한국도로공사에서 아르바이트를 일주일 했다. 임금을 제법 많이 받았다.

내 친구 구영서랑 같은 조로 일을 했다. 구마고속도로가 막 개통되고 난 뒤, 시간대별로 교통량을 조사하는 일이었다. 버스, 승용차, 화물차로 구분하여, 상행, 하행 자동차 대수를 바를 정(正)자를 써서 기록하는 것이었다. 우리는 화원 휴게소에 배정을 받아서 아침에 태워다 주고, 점심은 배달해 주는 음식을 먹고 오후에 퇴근했다.

그리고 시외버스 인원수 체크하는 알바도 며칠간 하였다. 대학 가려고 맘먹은 놈이 이런 것 하면 안 되는데 중요한 시기에는 그때그때 할 일이 있고, 안 할 일이 있는 것인데 뭐가 중요하고 뭐가 중요하지 않은 것인지 분간을 못 하는 아둔한 행동이었었다. 메뚜기도 한철이고 공부도 때가 있는 것인데 천지 분간을 못 했다.

재수하고도 턱없이 모자라는 그 점수로, 부끄러워서 어떻게 선생님께 원서를 써달라 말씀을 드렸는지……

지금도 그때 생각하면 부끄러워 가슴이 오글오글하다.

경찰대학 1기 시험에 응시는 해보았다. 오르지 못할 나무는 쳐다보지도 말라는 말이 진리인데 과욕을 부렸다. 해야 할 공부를 할 때는 최선을 다하지 않고, 막상 예비고사 점수로는 갈 곳이 없고, 여기저기 몇 군데 떨어지고는 며칠을 고민했다. 집에 있어도 가시방석이다. 바람이나 쐬려고 대구에 갔다. 친척들이 있었지만 공부도 못한 놈이 친척 집에 갈 염치가 없었다. 군에서 모병이 없나 싶어서 병무청에 어슬렁대다가 안면 있는 친구를 만났다. 얼굴 본 지 몇 달 되지 않았건만 엄청 반가웠다.

친구 구영서였다. 이 친구도 재수하고 고등학교에 입학했고 유도도 같이했고 공부도 고만고만했고, 생각하는 것도 성숙하여 나와는 아주 친하게 지냈다.

이 시기에 병무청 주변을 어슬렁대는 친구들은 모두 동병상련의 아픔을 간직했다고 보면 맞다. 대학 입학에 실패하고 한 번은 가야 할 곳, 군대나 지원해서 갔다 오자는 생각이 같은 젊은 아픔들이다. 친구와 나는 말없이 경북대학교까지 걸었다. 또래들은 내일 입학한다고 감격스러운 표정들로 꿈에 부풀어 있는데 우리는 패잔병 같았다. 둘이서 주머니에 있는 돈을 다 털었다.

둘 다 집 내려갈 차비밖에 없었다.

그날, 팔자 비슷한 친구 둘이서 인생의 어떤 돌파구를 진지하게 논해야 할 것만 같은 숙명적인 시간 같았다. 중국집에 가서 짬뽕과 배갈 한 병을 나누어 마셨다. 속이 좀 무디어지는 것이었다.

차비도 없고 갈 데도 없다. 칠성시장에 있는 고모 집에 갔다. 고모 집에서 자고 차비 좀 얻어서 집으로 내려갈 심산이었다.

고종 동생 방에서 진을 치고, 고종 동생을 1층으로 내려보내고, 신세타령을 해도 답이 없다. 신문을 뒤적인다. 동시에 눈동자가 커진다. 신문에 온통 전국 전문대학교 학생 추가모집 공고다. 이걸 뭐라고 해야 하나?

친구들은 내일모레 대학교 입학한다고 들떠있다. 우리는 갈 곳을 잃은 망망대해의 돛단배 같은 심정인데 대학 못 가면, 전문대는 안 간다고 생각하고 있었는데…… 궁지에 몰린 쥐 신세가 되니까 물에 빠지면 지푸라기라도 잡는다고 전문대에 가서 군대라도 연기하면서 다음 일을 도모하자는 결론에 도달했다.

서울, 부산, 대진 전국적인 전문대학 추가 모집공고다.

가장 가까운 전문대학 하나를 찾았다. 다음날 큰누나 집으로 가서 자초지종 이야기하고 원서 대금을 얻어서 대구 시내에 학생 모집 홍보사무실에서 김천 전문대학 입학원서를 두 장 사고 영서랑 모교에 가서 지원서를 써서 바로 접수를 했다. 그리고는 한숨 돌리고 또 부산으로 여행을 갔다. 느긋하게 삼수한 친구들과 한 잔씩 하는데 친구들도 대부분 원하는 대학에 가지 못하고 신세타령하면서 아쉬워했다.

중학교 영어 시간이 또 원망스럽다. 친구들은 모두 고향에서 공부를 잘한 친구들이었다. 어쨌거나 젊은 나이에 쓰디쓴 인생의 고배를 마신 친구들끼리 모여 뒷일을 도모하게 된 것이다.

며칠 만에 집에 돌아오니, 친구 '구영서'가 전문대학 합격증과 등록금 고지서를 가지고 왔다. 얼마 만에 보는 합격 통지서인가? 합격이란 글자 본 지가 몇 년 되었으니 학교 족보는 볼 것도 없지만 그래도 마음은 위안이 되었다.

내 친구 구영서는 한평생 민중의 지팡이 경찰로 근무하였다. 내가 대구로 내려와서 근무할 때는 좋은 음식 좋은 자리만 있으면 항상 나를 불러 주었다. 영서가 약해졌을 때는 어탕, 추어탕, 삼계탕, 영양탕을 보신으로 즐겨 먹었다. 그리고 큰 소나무 아래서 멍하니 먼 산만 바라보며 시간을 보내기도 했다. 수목원, 사문진 나루터, 화원자연휴양림, 달창댐, 청도 고갯마루에서 그냥 먹고 쉬다 오고 하였다. 친구 영서 덕택에 대학이라는 곳을 가게 되었다.

이러한 사유로 전문대학에 가게 되었다. 학자금 대출을 받았으나 매달 들어가는 하숙비며 책값이며 돈이 많이 들었다. 가난한 부모님께서 내 뒷바라지하시느라 많은 고생을 하셨다. 학자금 융자를 내었는데, 나는 학교를 2년 졸업하고 바로 군대 장교로 임관했고, 학자금 상환은 내 동생이 공장 다니면서 부모님을 대신해서 갚아 주었다고 했다.

참 가슴이 미어졌다. 살면서 동생에게 해 준 것도 없는데 항상 미안하고 고마운 마음만 간직하고 있다. 나와 내 동생이 결혼하고도 한동안은 사는 형편이 동생이 나보다 여유가 있었다. 나는 초급장교 시절에 결혼했고, 수시로 이사 다니고 봉급은 적고 부모님 지원하다 보니, 정말 사는 게 빠듯했다.

다시 대학 시절 이야기를 좀 해보자. 1학년 때 마음먹기로는 졸업과 동시에 취업하려고 열심히 공부했다. 대학 도서관에는 나를 포함한 다섯 명 정도가 항상 고정 자리를 차지했다. 예쁘장한 2학년 여학생 2명과 1학년 남학생인 나와 김종연 친구 4명이 항상 도서관에 있었고, 시험 기간에만 도서관이 좀 붐볐다. 도서관 고정 멤버 4명은 가끔은 다정한 대화도 나누고 말은 안 해도 우호적인 느낌은 있었다. 학교 축제 때에 파트너로 축제를 즐긴 적도 있었다.

이렇게 모범적으로 공부를 하였고 친구 따라 강남 간다고 동아리에서 YMCA 활동을 하였다. 불우이웃 돕기 성금 모금한다고 김천 문화회관을 대관하여 허슬춤 공연을 하여 약간의 성금을 모금하여 직지사 근처 어린이 보호시설에 위문한 추억이 새록새록하다. 이때 정든 친구들이 아직도 인생에서 40년 가까이 오래도록 허물없이 잘 지낸다.

우리의 보스 조승억 친구는 좋은 회사인 한국디자인포장공사에 꽤 높은 직책이었는데 몹쓸 병에 걸려 50대 초반에 우리 곁을 떠나고 말았다. 참 좋고 멋진 친구였는데 좋은 사람은 단명인가? 내가 전방에서 항공 대대장을 할 때도 위문을 오곤 했었다. 모든 친구들이 이 친구에게 호감을 갖고 좋아했다.

진심으로 친구들을 대하고 우리들을 하나로 뭉치게 하였다.

나는 이때 우리 친구들에게 항상 감사한 마음을 간직하고 있다. 다들 큰 부자는 아니었어도 면면히 보면 나보다 가정 형편도 좋았고 용돈도 많이 타오는 것 같았다.

난 생활비와 빠듯한 용돈이었기에 친구들에게 술 한 잔 살 형편이 못되었다. 그런데도 친구들은 술자리가 마련되면 꼭 나를 불러 준다. 한 번도 빼는 일 없이 나를 합석시켰다. 이왕에 먹는 술, 잔 하나 더 놓으면 된다며 불러 주는 친구들이 고마웠다. 나도 이 친구들과는 무엇을 해도 좋았다. 다른 술자리는 돈 없으면 절대 참석하지 않았다.

대학 시절에 있었던 추억을 더듬어 보면 1학년 때 착실히 도서관에서 공부만 하는 학생이었다. 2학년 때는 구체적인 목표로 3사관학교 진학을 목표로 여유를 갖고 맞춤형 공부를 하였다. 장교로 군에 가는 목표를 정했고 리더십 함양을 위해서 과대표를 하였다. 이때 전교 학과별 체육대회에서 종합우승을 차지하는 쾌거를 이루었다.

학창 시절에 많은 추억이 있으나, 몇 가지만 소개하면 1학년 말 어느 날, 그날도 오전 수업을 마치고 도서관에서 공부하고, 하굣길에 차를 타기도 무료해서 사색하면서 걸어갔다. 저만치 앞에 육군 대위가 보무도 당당히 걸어가고 있었다. 참 멋있었다. 저런 모습을 얼마나 동경했는가!

고등학교 때 로망이 육군사관학교 진학이었는데 차마 지원서를 내지 못하고 담임선생님께 사정하여 해군사관학교에 지원하였으나 실력의 한계로 고배를 마셨던 터라, 멋진 장교를 가까이서 보는 것만으로도 가슴이 두근거렸다. 빠른 걸음으로 다가가서 인사를 하니 우리 학교 교련 교관님이셨다. 나란히 길을 가면서 상담을 했다.

"저는 꿈이 장교로 군대 가는 것이 꿈인데, 졸업 후 편입하여 장교로 가는 방법을 좀 알려 주십시오." 했다.

그 당시 대학 편입도 사실상 어려운 현실이었고 3학년으로 편입을 해서는 장교 후보생으로 가는 길이 없었다. 그 당시 학사 장교 제도가 막 생겨날 때이기는 했으나 홍보가 안 된 상태였다. '내 복에 장교로 군대 가기는 글렀구나.' 실망하고 있을 때였다.

그런데 다음 하시는 말씀에 눈이 번쩍 뜨이고 사막에서, 눈 덮인 길에서 목표가 보이는 것이다. 육군3사관학교 후보생 과정이 부활한다는 것이다. 내가 졸업하는 시기와 딱 맞아떨어지는 것이었다. 사실 고등학교 졸업할 때 육군3사관학교에 진학하리라 맘먹고 있었는데 막상 3학년 때에는 3사관학교 모집이 없어진 것이었다.

어린 시절 고향에서 한현상 친구 형님께서 3사 생도 복을 입고 휴가 나온 모습이 그렇게 멋있게 보였다. 그런데 현실적으로나 실력으로나 내가 갈 가능성이 있는 3사관학교가 1년 후 내가 가야 할 명확한 목표로 설정된 것이었다.

벌써 가슴이 벅차고 부대원들을 통솔하고 겨울철 윗도리 벗고 군가 하며 앞서서 달려가는 모습을 상상만 해도 감개무량하였다.

편입학이나 공무원 시험에 대비해서 막연하게 공부하던 것을 접고 머리를 좀 식혔다.

천기를 누설해서도 안 될 것 같았다. 한국사는 기본적으로 잘하고 국어 좀 하고, 영어는 기본 영문법 한 권으로 달달달 할 전략을 세우니까 심플하고 할 만했다.

마음의 여유가 생겼다. 친구들과 술자리도 즐거웠다. 장교로 군에 가려면 리더십도 중요할 것 같았다. 과대표를 해야겠다고 맘먹었다. 난 여기서 외지 학생이고, 분명 토박이 학생이 과대표 후보로 나설 것이다. 나는 학연, 지연이 하나도 없다. 다만 1

학년 때 쌓아온 홍성록 이미지 하나뿐이었다. 토박이와 외지 학생 분포 분석 결과 4:6으로 외지 학생이 많았다.

예비역 형님들 5명 여학생 4명, 그러면 외지 학생들은 나에게 우호적이다. 토박이 학생들도 우호적인 친구들이 있지만, 투표에서는 토박이 편으로 갈 것이다. 여학생들은 동아리에서 안면이 있으므로 내 편이 유리할 것이다.

예비역 형님들은 의리와 경우가 앞서는 내 편일 것이다. 출마하면 당선되어야 할 것이다. 친구 중호와 상의를 했다. 해보자는 것이다. 토박이 친구 중 한 명이 자신만만하게 나섰다. 선거대책본부장으로 중호 친구가 발 벗고 나섰다. 사실 중호 친구가 출마하면 쉽게 당선될 수 있는 친구였다.

당일 투표 결과 내가 압도적 지지로 당선되었다. 당선은 되었지만 예상한 표에서 이탈표가 4표가 있었다. 여기서 진실 하나는 우리 과 여자를 믿지 말라는 교훈을 얻었다. 같은 동아리라 믿었는데 토박이 친구 편에 섰다. 난 여자와 교감하는 소질이 없나 보다. 하여튼 내가 과대표로 당선되었으니 계획대로 잘된 일이다. 이 모든 공로는 중호 친구에게 있었다.

난 역할을 잘하였고 우리 과는 단결하였고 교내 체육대회에서 종합우승을 차지하였다. 이렇게 학창 시절의 추억을 간직한 채 졸업을 하였다. 난 3사관학교에 합격을 하였다. 그토록 목말라했던 합격 통지서를 가슴에 품고 울었다. 우리 학교에서는 몇십 명이 지원해서 4명이 합격을 하였다.

졸업하고 필기시험 합격 통지서를 받았다. 1차 시험에 합격한 후 집에서 체력장 측정에 대비하여 나 홀로 프로그램을 짜서 훈련했다. 체력 측정 종목은 1.5km 달리기, 왕복 달리기, 100m 달리기, 수류탄 던지기, 턱걸이, 윗몸일으키기 정도로 기억된다. 기상과 동시에 2km 구보로 낙동강 가를 달린다. 강가에서 돌멩이를 100개 정도 강물로 던진다. '풍덩풍덩' 소리가 묘하게 기분 좋았다. 쾌감이 정말 좋았다. 동네 어귀로 다시 달려와서 턱걸이 20개를 한다. 훈련이 끝이다. 몸이 가뿐하고 기분이 상쾌하다. 이렇게 좋은 행복한 시간을 보내는 게 얼마 만인가?

군대 가기 전에 겨우내 밥 짓고 소죽 끓이고 군불 땔 땔감을 해야 한다. 오십 짐 정도면 월동 준비는 된다. 내년 봄 농번기까지 땔감을 확보해 놓아야 부모님이 고생 덜하시고 내 마음이 편하다.

부지런히 오전, 오후 하루 두 짐씩 땔감을 해다 나르는 것이 일과다. 하루는 산에서 나뭇짐을 지고 내려오다가 발을 헛디뎌서 오른쪽 발목을 심하게 겹질렀다. 큰일이다 군대 갈 날은 다가오는데 발목 부상이 심해서 큰 걱정이다. 조금만 무리하면 또 겹질린다. 그때 이후로 평생 조심하며 살아간다.

이런 몸 상태로 3사관학교 체력검정에 무난히 합격하여, 장교 후보생으로 당당히 입학하게 된다.

제1막 제1장

장교의 길

3사관학교 다닐 때 우리 할아버지 할머니께서 면회를 오셨다. 장손 장교 되어 군인 하는 모습을 보시고 대견해하셨다.

처음 벼슬을 하였다고 좋아하셨다. 예전 벼슬로 무과 초시에 합격했단다.

난 장교 되어서 좋고 부모님은 돈 안 들어 경제적 부담 없어 좋다. 3사관학교 훈련이 참 고되고 악명 높기로 유명하지만, 나에게는 크게 힘들지 않았다. 교관이나 조교보다 조금 앞서는 체력을 갖고 있으니까 친구들 대부분은 힘들어해도 나에게는 레포츠 정도였다.

난 후보생 중에서도 초대 간부 후보생으로 동기생을 지휘하는 역할을 하였다. 나중에는 윤번제로 1주씩 간부 역할을 하지만 초대 간부는 선발된 간부 역할이다. 이렇게 훈련을 다 마치고 1983년 10월 22일 대한민국 육군 소위 홍성록이 임관하였다.

임관 후 광주 전투병과학교에서 장교 기본교육을 받았다. 나는 보병장교로 임관해서 보병 초등군사반 교육을 받았다. 나는 군가 중에서도 장교 단가가 엄숙해서 좋았다. 이때 본 영화 '사관과 신사'가 기억에 오래 남는다.

장교의 길은 선비의 길이고 대장부의 길이고 솔선수범의 길이고 목숨 바쳐 충성하는 길이다.

장교의 역할

장교의 역할은 매우 중요하다. "한 마리의 양이 이끄는 백 마리의 사자 무리보다 한 마리의 사자가 이끄는 백 마리 양의 무리가 더욱 강하다."라는 것은 리더의 역량이 그 조직 전체의 역량을 좌우할 만큼 영향이 크다는 것을 시사해주는 말이다. 더 말할 나위도 없이 군대 조직도 사회의 전형이라고 할 수 있다. 각급 부대 지휘관의 능력과 자질이 조직의 역량 발휘에 절대적으로 중요하다.

장교는 군대의 기간(基幹)이며 중심이며 직무를 수행하는 책임자이다. 따라서 장교에게는 그 직책에 상응하는 능력이 요구된다. 미국의 군사 학자 라이온즈 교수는 장교 직업의 전문성을 강조하였다. 또 마슬랜드 교수는 변화되는 환경에 창의적으로 대처하는 능력 즉, 창의성을 역설하였다. 마샬 장군은 장교의 독창성을 주장하였다.

이처럼 장교에게 요구되는 능력은 전문지식, 판단력, 창의성이 군인이라는 독특한 직업에 어울리는 능력이라 할 수 있겠다.

나는 장교가 되기 위해서 교육을 받으며 몸이 힘들고 피곤할 때면 장교 단가를 부르며 피로를 풀고 위안으로 삼았다.

"우리는 젊은 사관 피 끓는 장교단 저 하늘 창공을 나는 솔개 세워라! 화랑도 길이 빛나는 전통을, 굳게 걸어 새 나라 건설에 용진하자, 용진해."

이러한 군가를 부르며 교육 훈련을 받았다.

예전에는 명칭이 육군보병학교이었는데, 1983년도 우리가 갈 때는 전투병과학교로 바뀌어 있었다. 초등군사반 교육에서는 군사학 일부와 소대장 임무 수행에 필요한 필수 교육을 받는 곳이다. 여러 가지 훈련 중에서 기억에 남은 훈련은 역시 유격훈련과 특수전 훈련이다.

앞으로도 상황마다 타산지석이 되고 교훈이 되는 이야기들이 소개되겠지만 스토리 전개 과정 곳곳에 삶의 지혜와 교훈, 아쉬운 점이 많이 소개되는데 독자들이 참고하여 잘 판단하면 많은 도움이 될 것이며, 이 책을 집필하는 목적이기도 하다. 우리 동기생들의 악랄한 체력과 정신력은 전투병과학교에서 금세 소문이 쫙 퍼졌다. '지독한 놈들'이라고 11월에 입교하여, 한 달 후 유격과 특수전 훈련을 하였는데 눈 덮인 무등산을 넘는 코스에서 기수마다 낙오자가 발생하는데 우리 기수는 한 명의 낙오자 없이 미친 듯이 넘더라는 것이다. 그럴만한 이유가 있기도 했다. 3사관학교 졸업을 3주 앞두고 전교생이 100km 행군을 마지막으로 주파하고 임관하였는데 여기서 낙오한 친구들은 임관을 못하였다. 정신력 또한 대단하였다. 우리 중대는 1중대로서 12월 초에 유격 훈련을 떠났는데 그해 초겨울 폭설이 내렸다. 악조건 속에서 특수전을 하였는데 눈밭에 텐트 치고 야영하기가 보통 힘든 게 아니었다. 땅이 얼어붙어서 텐트 팩을 박을 수가 없었다. 눈 위에 텐트 치고 자다 보니 눈비가 섞여 내리기도 했다. 텐트 속에 빗물이 스며든다.

자갈밭인 산속에 배수로란 엄두도 못 내었다. 3일을 눈보라 속에 악전고투하니까 인간의 한계점에 도달하는 것 같았다. 목요일 오후 점심을 추진해서 먹고 나니까 차후 집결지 변경 명령이 내려왔다. 가서 보니 전 중대원이 한곳에 집결했다. 모두 초주검 상태이다. 조금만 더 지체했다가는 동상 환자가 속출할 것이 뻔했다.

이 무슨 상황인가? 오후 미션 훈련 메시지가 무엇일까? 궁금해하는데 버스에 탑승하라는 것이다.

'일기 상, 천재지변으로 훈련 불가, 지상으로 조기 복귀' 명령이 떨어진 것이다.

환호하고 안도의 숨을 쉬었다. 지휘관의 한순간 판단이 얼마나 중요한가? 훈련이 중요 하지만 동상 환자가 속출한다면 이것은 비전투 손실이다. 얼마 후에 발생한 일이지만 악천후 속에 훈련을 감행하다가 특전사 용사들이 민주지산에서 수십 명의 동사 사고가 발생하지 않았는가?

시기적절한 상황판단과 참모의 건전한 건의와 함께 지휘관이 조치하는 것이, 지휘관과 참모 역할이다. 훈련도 중요하지만, 전투병과 학교장님의 적절한 판단으로 집단 동상 사고 방지를 위해서 훈련을 이틀 앞당겨 종료를 하고, 야지의 장교들을 영내로 복귀시킨 것이다. 장교는 상황판단이 빨라야 하고 시의적절한 조치 능력이 있어야 한다. 이렇게 초등군사반 교육을 수료하고 각자 임지로 발령을 받았다.

병과학교에서 교육을 수료하고 전후방 각부대로 배출되는 시스템은 정말 체계적으로 잘 되어 있는 것 같다.

육군본부에서 사단별 보충 소요를 판단하여 적절한 인원으로 분배를 하면, 1군은 강원도로 3군은 경기도에 있는 보충대로 각자 집결하도록 한다.

보충대에 집결하면 각 사단에서 담당자가 와서 인솔해 간다. 사단에 가면 사단장님께 전입신고하고 보충대에서 며칠 대기하면서 사단 직할부대 소개 교육을 한 뒤 각 연대로 가서 신고를 마치고 각 대대로 내려가서 임무를 수행하게 된다.

오뚝이부대 수색대대 소대장

_1984년 2월

우리 임관 동기생 36명이 오뚝이 부대로 배치되었다. 오뚝이 부대 보충대에서 동기들이 모여서 사단 소개 교육받고 각자 인사도 하고 회식도 하면서 3일을 보낸 것 같다. 2일 차에 똘망똘망한 장교가, 중위 계급장을 달고 노련하게 보충대로 찾아와서 나와 동기생 4명을 별도로 불러 이것저것 가볍게 물어보고 갔다. 누군지 모르지만, 관심을 보여서 기분은 괜찮았다.

다음날 생김새가 쭈글쭈글한 중령이 지프를 타고 보충대로 와서 나와 태권도 4단인 친구 한 명을 불렀다. 영문도 모르고 묻는 대로 간단히 부담 없이 솔직히 편안하게 대답을 하였다. 3일을 대기하는데 나만 손님이 와서 불러 주니까 내가 잘생겨서 그런가 싶었다. 나중에 알고 보았더니 중위는 수색대대 인사장교이고 쭈글쭈글한 중령은 수색대대 대대장이었다.

면담을 한 4명의 동기는 모두 보병이었고 태권도 합기도 유도 등 유단자들로 무술에서 한 가닥씩 한 친구들이었다. 보충대 대기 3일 차에 어제 왔던 중위가 지프를 타고 와서 나를 호출한다. 타라는 것이다. 다른 친구들은 2.5t 트럭을 타고 갈 것인데 지프를 타고 모시러 오니 기분이 야릇했다. 알고 봤더니 사단 직할 부대인 수색대대에서 제일 먼저 입맛대로 1명 차출하고, 다른 친구들은 연대로 분류되어 갔던 것이었다. 그러니까 나는 1번 타자로 수색대대 소대장으로 차출된 셈이다.

낭유리고개 구보를 많이 했다.

산정호수로 승진훈련장으로 백운동계곡 광덕현 이동 유격장 행군코스가 눈에 선하다. 사단에 상급부대나 전투지원부대 장군들이 부임해 오면 군악대와 의전 병력으로 의장 행사를 하는데 사단 의장대 지휘를 많이 했다. 인물과 절도와 자세가 잘 나온다나? 나만 시킨다.

훈련은 수색, 정찰, 매복, 요인, 납치, 침투, 폭파, 도피 및 탈출 등을 하고 사격, 행군, 구보, 유격, 공수지상훈련, 전투수영 등 남들은 죽을 맛인데, 나는 레포츠를 즐겼다. 이때 가장 큰 애로 사항이 의식주 문제였다.

독신 장교 숙소(BOQ)라고 있는 것이 연탄보일러인데, 보일러는 얼어 터지고 화장실 변기도 얼어 터지고 용변은 근처 산에서 야만인처럼 대충 보고, 온산에 대인지뢰다. 방에는 '비인가 전기난로'가 있는 사람은 형편이 좀 나았다. 그도 없으면 닭털 숭숭 빠지는 침낭 속에 새우잠을 잤다. 차라리 당직근무를 하는 날이 행복했다. 세끼 밥 챙겨 주지. 더운물로 머리 감을 수 있게 준비되어 있지. 의식주 해결되는 당직 근무 날은 걱정이 없었다. 정 추운 날은 퇴근 없이 병사들과 같이 내무반 침상에서 자곤 했다.

병사들 사생활도 보장해주어야 하는데 소대장이 갈데없어서 추운 겨울밤에 병사들 막사에 자니까 오죽 불편하였겠나? 아침밥을 먹으려면 대대본부 간부식당까지 가야 하니까 그것도 귀찮아서 밥을 굶기가 예사였다. 1교시 대대원들과 아침 구보 마치고 중대로 복귀하면 당번시켜서 라면 끓여 오라고 한다. 10시에 아침을 먹는 셈이다. 점심은 대대 간부식당에서 먹는다. 하루 한 끼 규칙적으로 먹는 끼니이다. 차라리 훈련을 나가면 밥 걱정 없이 하루 세끼 거르지 않고 먹을 수 있었다.

병사들과 같이 먹으니까 먹거리 고민을 하지 않아도 되었다. 이러한 식습관을 몇 달을 하니까 몸은 쇠약해지고 영양실조 증상이 왔다. 그러다가 전술훈련이나 유격 훈련을 나가면 병사 식을 하니까 몸이 회복되었다. 초급장교 시절 이런 애로사항을 대대장은 아는지 모르는지 정말 원망스러웠다. 어찌 그토록 열악한 총각 장교들을 방치할 수가 있었을까?

내가 대대장을 할 때 가장 먼저 챙긴 것이 총각 간부들 의식주였다. 먼저 숙소 내무검사부터 시행했다. 수도꼭지 변기 물

안 나오는 것 있으면 가장 먼저 보수를 지시하였다. 내가 대대장 하는 동안 수도 세면기 화장실에 고장 수리 중이라는 딱지를 없게 하였다. 고장 나면 최우선으로 최상의 상태가 되도록 하였다. 기본적인 것이, 생리 욕구 해결이고, 그다음이 삶의 질이라는 것을 항상 생각한다. 하여튼 수색대대 소대장 시절 힘든 훈련은 문제가 되지 않았고 의식주 해결이 나에게는 가장 크고 중요한 생존의 문제이었다. 그렇다고 봉급이 많아서 셋방을 얻어 살 형편도 못되었다.

어느 여름날 전반야 전술훈련을 마치고 소대장실에서 소대원 면담 철을 정리하는데 누나의 편지가 와있었다. 관보를 보내었는데 왜 소식이 없느냐는 것이다. 할아버지께서 3일 전에 돌아가셨다는 것이다. 청천벽력 같은 슬픈 소식이었다. 내가 성인이 되고 처음 당하는 가장 큰 일이었다. 집안의 장손인 내가 할아버지의 임종을 못 지켜 드린 것도 큰 불효인데 장례식도 못 가다니 군인이 된 것이 원망스러웠다. 병사들도 직계가족이 돌아가시면 관보를 보내오면 즉시 중대장께 지휘 보고를 하고 청원휴가를 출발시키는데 소대장의 할아버지가 돌아가셨는데 관보를 두 번이나 보냈다는데 대대에서 소대장인 나에게 알려주지를 않았다. 대대장이 원망스러웠다. 자기 할아버지가 죽어도 자기는 안 가볼 것인가라는 생각이 들었다. 대대장 지휘가 이따위인데 무슨 충성을 하겠는가? 너무 실망이 컸다.

편지를 보고 밤 11시에 중대장님께 보고하고 중대장님이 대대장께 지휘 보고를 하니까 그제야 청원휴가 지시가 내린다. 밤이 깊어 다음 날 아침 포천 이동에서 경남 의령 집으로 가는 길이 왜 그렇게 먼지 장손이 오지 않으니 할아버지 장례를 못 치르고 한여름에 5일 장을 하였다. 임종 4일 만에 장손이 집에 도착하고 5일 만에 장례를 치르는데 소나기가 얼마나 쏟아지던지 큰 고생을 하였다.

그런데 하관 시간에는 비가 멎고 앞에 보이는 산과 낙동강 위로 무지개가 솟았다. 종갓집 장손으로 태어나 할아버지의 과분한 사랑을 받았는데 효도 한번 제대로 못 한 것이 원통했다. 학문적인 우상이고 나를 반듯하게 세워 주셨고 어디서나 당당하게 나설 수 있었던 것은 할아버지의 높으신 덕성과 인품의 후광이었는데, 할아버지께서 다시는 돌아올 수 없는 먼길을 떠나셨으니 그 슬픔은 이루 말로 할 수 없었고, 그때의 슬픔은 글로도 다 표현할 수가 없다.

5일 장을 치르고 부대로 복귀하니 우리 중대가 유격 훈련 중이라 이동에 있는 유격장으로 복귀를 하였다. 수색대대는 유격 훈련을 마치면 마지막 날 70km 행군을 하면서 복귀하도록 계획되어있었다.

이건 또 무슨 상황인가?

목요일 갑자기 우리 중대 훈련 중지 부대 복귀 명령이다. 다음 날 70km 행군해서 부대 복귀를 한다고 바짝 긴장하고 있는데,

또 차량 탑승 조기 복귀라니?

차를 타고 복귀하면서 광주 전투병과학교에서 혹한으로 인해서 특수전 훈련 중 조기 복귀한 생각이 났다. 하여튼 실전 상황으로 큰일이 터진 것만은 분명했다.

그런데 분위기는 묘한데 비상상황은 아니었다.

부대에 복귀해서 병력을 정비시키고 당직 사관만 남기고, 중대장님과 간부들은 훈련 후 고생했다고 삼겹살로 회식을 하였다. 전방부대 간부들 회식이라야 뻔하다.

식당에 가서 삼겹살에 소주 마시고, 맥줏집에서 맥주 마시고, 다방에 가서 커피 마시고 공식행사 끝이다. 술이 고프면 이때부터 2차가 시작된다. 망가지도록 마신다. 이때만 해도 돈 걱정을 안 한다. 돈이 있어도 간부들은 현금을 안 준다. 접경지역 군인문화라고 해야 하나? 식당, 술집 모두 신용거래로 외상이다. 현금을 주면 촌스러운 분위기이다. 대신 간부들의 신용은 확실했다. 한 달에 몇 번씩 외상으로 먹고 마시고 봉급 타면 3일 이내에 외상값을 갚는다. 철저하다. 상인들도 걱정하지 않는다. 수년 동안 믿고 사는 신용 사회인 전방 군사 접경지역 문화이다.

회식 중에 어느 마담에게서 이상한 이야기를 듣는다.

접경지역 군사 동정을 마담들이 말단 간부들보다 먼저 알고 있다. 예비군훈련장 주변 떡장수 아주머니들이 훈련계획표를 외우고 있듯이 말이다. 어떤 부대가 어디로 차출되어 갈 것이란다. 그렇든가 말든가 우리는 유격 훈련한다고 야지에서 고생했으니까 삼겹살에 술이나 실컷 먹었다.

다음날 출근해 보니까 병사들은 여전히 훈련 후 정비라 총 닦고 빨래하고 말리고 휴식을 취한다. 오전 내내 대대본부에 회의를 다녀오신 중대장께서 간부들 회의를 소집시켜 놓고 무겁게 입을 여신다. 육군본부에서 특수부대 창설을 위해 병력을 차출하는데 그 대상은 특전사 특공대대 수색대대에서 1개 중대씩 차출하는데 우리 중대가 차출 대상으로 지목이 되었다. 단 1개 소대는 차후 증편 모체 부대로 남기고 2개 소대는 차출되어 가야 했다.

먼저 차출 희망 소대장 손 들라고 하신다. 말이 떨어지기 무섭게 손을 번쩍 들었다. 특수부대 아니라 특수부대 할아버지 부대라도 나는 간다라는 신념과 판단이다. 나머지 1개 소대는 협의하여 선정되어 나는 205 특공여단 창설 소대장으로 새 출발을 하게 되었다. 동작 빠른 소대장 때문에 멋모르는 소대원들만 고생길로 간다고 생각할 수 있겠으나 특공대에 가서 모두 즐겁게 생활을 잘하였다.

내가 우선으로 차출에 지원한 이유인즉 의식주 해결이 너무너무 불편했고, 대대장의 초급장교 의식주 해결에 대한 무관심과 할아버지 돌아가시고 배달된 관보를 숨긴 배신감 때문에 하루라도 빨리 이 부대에서 벗어나고 싶었다.

지리산 토벌대 특공여단 소대장

_1984년 9월

청량리역에서 야간열차를 타고 영천으로 이동하였다. 대전을 지나면서 대전발 영시 오십 분을 제창하며 모두 눈이 팅팅 붓도록 펑펑 울었다.

1984년 추위에 유격, 전술, 팀스피리트 훈련하며 헬기 타고 수색 정찰하고 행군하고 고생 고생했던 순간들이 주마등처럼 지나간다.

나도 울고 부대원들도 울고 기차도 울었다.

특공대는 영천의 옛날 공병대대 자리에 천막을 치고 창설을 했다.

6·25 때 부대들이 이랬다. 그래도 행복했다. 삼시 세끼 밥 먹고, 천막이지만 소대장의 공간에서 잠자고 전우들과 땀 흘려 훈

련하고, 어떠한 적군과 싸워도 이길 자신감으로 충만했다. 병사들과 똑같이 먹고 훈련하고 잠자리에 들었다.

오전에 구보 특공무술 태권도 오후에 진지 공사 작업하고, 가끔 수색 정찰 나가고 어떤 때는 충정훈련을 힘들게 하였다. 천막에서 3개월쯤 생활하니까 임시 아이스홀 막사라고 조립식 가건물 막사와 비오큐가 완성되었다. 천막 생활하다가 조립식 건물에 입주하니까 이것은 집이 아니고 호텔이었다. 그만큼 보금자리가 그리웠던 것이다. 장교들도 비오큐에서 프라이버시 지켜가며 살 수가 있었다.

창설부대지만 사기충천했고 훈련이 즐거웠다. 전방 수색 대대 소대장으로 갈 때는 한강 이북 땅을 처음 가본 곳이기도 하지만, 앞서 말했듯이 초급장교들 생활 여건이 너무 열악하고 복지가 최악이었다. 그에 비하면 우선 지리적으로 후방이기도 하지만 나로서는 고향 집 안마당 같았다. 우선 훈련장이 모교인 3사관학교 훈련장을 사용하여 익숙하고 지형에 밝고, 또 마음만 먹으면 집에 갈 수 있고 형제 친척들이 지척인 대구에 모두 살고 있으니까 군대라기보다 일반 직장에 다니는 것처럼 마음이 편안했다.

창설부대라 한 달 정도는 간부들도 부대 안정을 찾을 때까지 병사들과 영내 대기를 했다. 그렇지만 간부들의 생활영역이 확보되고 장교들의 고유한 문화도 자리 잡아갔다. 이때 전방 각지에서 차출되어 온지라 동기생들도 끼리끼리 만나게 되었다. 동기 애가 화기애애하고 굳건하게 뭉쳐져 갔다.

평생 동지 차돌이 소위가 인접 중대로 차출되어왔다. 같은 대대니까 매일 어울려 다녔다. 하루는 주말에 살짝 영천 시내로 나와 목욕도 하고 식사도 하면서 반주도 한잔했다. 그리고 술 한잔한 김에, 가라오케에서 맥주도 한잔했다. 완전 해방감에 그렇게 기분 좋을 수가 없었다. 차돌이 소위가 가라오케에서 노래를 한 곡 했다.

이 친구 노래도 잘하고 운동도 잘한다. 관객들이 앙코르라고 환호를 한다. 다음 손님께 마이크를 넘기고 앙코르곡 준비하고 술을 마셨다. 20곡을 해도 앙코르곡 안 시켜 준다고 이 친구가 마이크를 빼앗아 와 버렸다. 가라오케가 난리가 났다. 주인과 다음 차례 손님과 앙코르곡 안 시켜 준다고 마이크 뺏어온 친구랑 맥주병 날아가고 코피 흘리고 금방 아수라장이다.

나는 자국민을 보호해야 할 군인이 자국민과 싸움하는 것은 절대 안 된다는 신념과 상식을 갖고 있기에 싸움을 말리고 어찌 되었건 수습하려고 노력했다. 그런데 민간인들도 노래 한 곡 하겠다는 군인을 노래 못하게 하고 몽둥이로 군인을 두들겨 패려고 하면 되느냐 말이다? 군인에게 해코지하는 사람은 북괴군보다 나쁘고 간첩과 같다는 생각 들었다.

어찌 되었건 건물 밖 골목으로 장소는 옮겨졌다. 몽둥이로 군인에게 덤비는 아저씨를 그냥 둘 수가 없었다. 난감한 일 아니겠는가? 나는 젊어서 무술을 한 사람이고 전투화 신으면 태권도가 플러스 1단이지 매일 특공무술 하고 있는데 움직이는 살상 무기인데…… 고민이 되었지만, 몽둥이로 전우를 패는 아저씨를 잡아다가 일단 한방으로 조져 버렸다.

동네 청년들 10명과 군인 2명과 싸움이 났다. 크게 한판 벌어졌다. 영천 청년들이 드세기로 소문나 있었다. 차돌이가 3명만 커버해주면 내가 7명은 감당할 것 같았다. 맞을 수도 없고 팰 수도 없는 난감한 상황에, 술기 오른 성난 아저씨들이 개떼같이 덤빈다. 다급한 순간, 면회 외출 나온 특공 용사들이 어디서 나타나 소대장 구하기를 해서 구사일생 위기를 면했다. 소대원들이 소대장을 구해준 셈이다. 자~샤들 특공무술 잘하네. 흐흐~. 경찰들이 와서 청년들 다 잡아가고 헌병 지프가 출동했다. 우리는 병사들을 잽싸게 여관으로 피신시켰다.

소대장 구해준 병사들이 시민들과 싸움했다가 적발되어 처벌받으면 더 큰일이기 때문이다. 소대장 두 명이 헌병대에 붙들려 가서 진술서 쓰고, 여단 당직사령에게 불려가서 욕 바가지로 먹었다. 다음날 어떤 징계가 내려올까 체념을 하고 있는데 여단 참모장실로 바로 불려 갔다. 대대장이 처리 수준을 이미 넘은 것이다.

참모장님께 불려가서 새파란 소위 놈들이 민원을 야기하고 다닌다고 혼났다. 지도를 던져 주시고 좌표를 준다. 1박 2일 완전군장하고 행군하여 목표지점에 가서 현지에서 훈련하고 있는 인접 부대 대대장 사인을 받아 오라는 것이다. 목표지점을 보니까 화산 꼭대기다. 한 시간마다 인근 파출소에 가서 위치 보고를 하라는 것이다.

신령까지 가니까 날이 저문다. 저녁 먹고 화산 꼭대기에서 공수 지상 훈련하는 소대장들 위문도 할 겸 삼겹살 한 근 굽고 수통에 소주 두 병씩 채워서 화산 정상으로 야간행군을 해갔다. 날이 저물어 800 고지 야간 산행이 참 어려웠다. 기합 받으며 선량한 민주시민으로서 착하게 살기로 다짐했다.

-1984년도 영천역 앞 주점에서 술 드시고 노래하는데 마이크 빼앗고 소란 피워서 죄송합니다.-

이 시대만 해도 소위의 일탈은 무죄였다.

일상으로 복귀, 매산리에 가서 공수교육 낙하산 점프하고 13일 동안 천 리를 행군하여 영천까지 내려왔다. 영천 시내에는 국군의 날 행사를 방불케 하는 열렬한 환영 행사가 펼쳐졌다. 군사령부 군악대가 천 리 행군 복귀를 위로하는 팡파르가 울려 퍼졌다. 젊은 특공 군인들의 피 끓는 가슴에 눈물로 용솟음쳤다.

특공 용사들의 특공 요원 훈련이 드디어 완성된 것이다. 이때 나는 후방에 내려와 있을 때 결혼이 하고 싶었다. 전방에 잠시 있을 때 느낀 점이 '여자가 참 귀하구나.'라는 생각을 했다.

1985년도 새해가 밝았다.

나는 새해 소망을 장가를 가자고 마음먹었다.

그리고 아들 이름 두 개, 딸 이름 두 개를 지어놓았다. 그리고는 더 나은 군인을 갈망하면서 육군 항공 조종사 시험에 응시하였다. 이 과정 이야깃거리가 또 있다. 나는 특공대대에서 체질상 적성에 맞고 즐겁게 소대장 생활을 잘하였다고 자부한다. 운이 좋아서 우리 소대원들은 대부분 특등 사수다. 사격하면 대대 평균 명중률보다 10% 이상 명중률이 높았다. 그리고 인접 소대와 내기 축구를 하면 매번 이긴다. 그만큼 사기충천하고 단결이 잘 되었다.

그런데, 소대장 몇 명이 항공 조종사로 시험 보겠다고 하니 대대장께서 노발대발하신다. 소대장도 할 만큼 했고, 장차 개인과 군 발전을 위해서 조종사 한번 하겠다는데 왜 그렇게 훼방을 놓는지 이해가 안 갔다. 기어코 시험 보겠다 하니까 소대장들을 완전군장을 시키고 연병장을 돌라고 한다. 이거 한참 잘못되었다. 장교들을 완전군장을 시켜서 연병장을 돌라고 하다니? 말도 안 되는 대대장의 처사다. 완전군장 연병장 도는 것은 일종의 징계로서 병사들이 징계를 받을 때 얼차려를 주는 것이지, 장교들에게 이런 기합은 잘못된 것이다.

그래도 대대장 지시니까 전과를 하겠다는 소대장들이 완전군장을 메고 연병장을 돌았다. 다음날도 돌고 1주일을 돌았다. 마지막 날 '시험이나 한번 보게 해 주십시오.'라고 타협하여 우여곡절 끝에 시험을 보았는데 여단에서 나 혼자만 합격하였다. 대대장님 눈치를 보니까 한 놈 정도는 보내준다는 느낌이었다. 경쟁률이 상당히 높았다. 15명 선발하는데 200명가량 응시했다. 우리 동기생 중에서 최초로 항공 조종사 시험에 합격한 사람은 권범석, 성영기, 나 세 사람이었고, 그 이후 후배 기수로 4개 기수에 서너 명씩 우리 동기는 총 15명이 조종사 시험에 합격하였다. 조종사 기수는 선후배 기수 간의 군기가 빡세었다. 나중에는 진급 먼저 하는 사람이 장땡이었지만, 학생 조종 장교 시절에 선배 기수의 그림자도 밟고 갈 수가 없었다.

제1막 제2장

조종사의 길

_1985년 4월

READY FOR TAKE OFF(이륙 준비 끝) 육군항공학교 고정익 종사반 제94기 입교, 특공대에서 탈출하다시피 항공병과로 전과에 성공하고, 결혼할 사랑하는 사람도 만났다. 특공대에서 도망 나왔다고 표현했다. 나는 고정익 조종사 과정 94기로 입학하였다. 고정익 94기란 육군 항공에서 큰 의미가 있다. 1기부터 94기까지 조종사 기수의 역사를 면면히 이어 오다가 우리 고정익 조종 94기가 우리나라 육군 항공 고정익 시대의 마지막 기수이기 때문이다.

내가 낙하산을 메고 고정익 비행기를 타고 훈련받을 때 L-19 경비행기는 미국에서는 NASA 박물관에 골동품으로 전시된 상태였다. 그렇지만 우리나라 육군 고정익 조종사의 최후의 보루라는 역사적인 상징성으로 자부심이 대단하였다. 우리 다음 육군 항공 조종 기수로는 준사관 계급인 회전익조종사반 25기와 장교 계급인 회전익 26기가 연이어 입학하였다. 내가 우리 동기생 중에 최초로 입학한 과정이니까 회전익 26기에는 임관이 나보다 선배인 3사 19기생들이 많이 있었다. 19기 선배들은 회전익조종 28기까지 입학을 하였으니까 장교 임관은 선배인데 조종사 교육 기수로는 후배가 되었다.

조종기수 선후배란 비행기 먼저 탔다는 것밖에 의미가 없는데, 조종사 교육받는 동안에는 임관 서열은 무시하고 조종 선배 기수로부터 바짝 군기를 잡혀야 했다. 난 우리 기수인 고정익 조종 94기 중에서 주력 인원인 19기 선배로부터 후배 조종 기수 군기 반장을 하라는 압박을 받아서, 후배 조종 기수인 임관 선배들에게 내무검사도 취하고 깍듯한 예우를 받으며 육군항공학교를 졸업했다.

불과 몇 달 후, 야전에서 다시 만나 철없던 시절의 군기 반장이 얼마나 무모했는지 실감이 났다. 참 아이러니한 역사이다.

우리 조종 기수가 출세한 군인은 중령 진급자가 단 2명밖에 없었다.

나와 학군 21기생인 김현기 중령 두 사람이다. 해군 위탁생 학군 22기 기수인 우학균 대령은 해군 대령이다. 그런데 회전익 조종 26기에는 중령 진출자가 다수이고 소장까지 진급하고 항공작전 사령관을 역임한 장교도 있다. 조종 교육을 받을 때 좀 철들고 유연하고 원만한 대인 관계를 유지했더라면 하는 아쉬움이 많았다. 빨간 모자의 악동 고정익 94기 조종 교육받을 때, 군기 반장의 위엄이 부메랑이 되었다. 빨간 모자는 고정익 조종사 기수의 상징이다. 또 다른 이야기이지만 믿거나 말거나 이런 일화가 있다. 한때 그 막강하던 해병대 전력이 대폭 감축된 때가 있었다.

1980년대 중반에 나돌던 이야기이다. 옛날 전두환 군인이 동기생들과 외출을 나와 열차로 이동 중에 열차 안에서 인원수가 많은 해병대 후배 장교들에게 봉변을 당했단다. 그 옛날 호랑이 담배 피우던 시절 이야기이다. 이때 외박 나온 장병들의 모습들을 상상해 보라! 같은 육군이면 서열이 유지되지만, 해병대 젊은 장교들의 혈기에 타군 아저씨들 몇 명 있다고 해서 뭐 보이겠나? 쪽수 많은 무리가 큰소리치는 분위기는 상상만으로도 짐작이 된다. 그래서 어디서 소위들에게 봉변을 당하고, 어디서 이러한 사실을 이야기도 못 하고 억누르고 있다가 대통령이 되어서 해병대 전력을 확 줄였다는 이야기들이 공공연한 입소문으로 타고 다녔다.

이야기가 엉뚱한 방향으로 잠시 흘렀다.

고정익조종을 배우는 것은 헬리콥터 조종을 배우는 것보다 육체적으로나 기량적으로 상당히 어렵고 힘이 든다. 그중 특이한 한 가지가 비행기 탑승할 때 낙하산을 메고 탄다. 한여름 활주로 아스팔트는 작열하는 태양 아래 그냥 걷기도 힘든데 낙하산까지 메고 다니기란 여간 힘든 게 아니다. 조금 실수라도 하면 얼차려 종목으로 참 좋은 수단이 있다. 낙하산 메고 활주로 열 바퀴 하면 과히 입에서 단내가 난다.

비행 첫날은 무조건 비행기를 태우고, 관숙비행이라는 과목을 1시간씩 한다. 뭔고 하니 천지도 모르는 학생 조종사를 비행기에 처음 태우고 교관들이 창공을 질주하여 사방으로 흩어진다. 그리고는 비행기 성능이 허용하는 범위 내에서 그리고 교관의 기량이 허용하는 범위 내에서 온갖 재주를 다 부린다. 에어쇼도 하고 급상승도 하고 급강하도 하고 뱅크를 90도 가까이 주기도 하고 뱅크를 주면서 급강하 비행을 하기도 하고 공중에서 날개가 흐느적거릴 때까지 속도를 멈추기도 하고 갖은 재주를 다 부리고 내려온다.

교관들도 상당히 힘들어하는 기색이 역력히 보였다. 학생들이야 말할 것 없이 초주검이 되었다. 이 한 번의 비행으로 조종사 죽어도 못하겠다고 손들고 자퇴를 하는 학생조종사가 나온다. 또 고소공포증으로 적응하지 못하는 학생조종사도 나온다. 3주 동안 비행기량 관찰을 통하여 도저히 조종사 자질이 안 되는 학생 조종사를 가려서 퇴교 심의를 하여 원소속 부대로 원복을 시킨다. 조종사 양성이란 제한된 시간에 요망하는 수준으로 따라가야 하는지라 무한정 숙달할 때까지 기다릴 수가 없는 교육이다.

공주 부여 공역에서 공중조작 연습을 할 때다. 이때부터는 반복 숙달이다.

해도 해도 조작이 안 되는 날이 많다 지상에 내려오면 기합을 받는다. '활주로 구보 열 바퀴 실시' 하면 또 체력단련이구나 생각했다. 공중에서는 주로 욕을 배 터지도록 먹는다. 오죽 답답했으면 교관님이 이것도 못 하면 여기서 너랑 나랑 여기서 죽자고 한다. 어차피 착륙 조작 못 하면 죽으니까, 낙화암 절벽에서 3천 궁녀 따라 죽자고 하면서 급강하 비행으로 겁을 준다. 비행기가 도라, 도라 영화처럼 낙화암을 향해서 질주한다. 나도 미안한지라 '네 알겠습니다. 교관님.' 하고 조종간을 더욱 앞으로 쑤셔 박았다.

금방이라도 낙화암에 들이받을 것 같았다. 뒤에서 교관님의 호통이다. '조종간 손발 떼라, 손발 떼라.' 그리고 육두문자 욕이 막 튀어나온다. 조종 교육을 받을 때 가장 위급하면 교관님이 조작에 들어가는데 이때 용어가, '손발 떼라'는 것이다. 다급하게 '손발 떼라! 손발 떼라!' 극적으로 비행기 자세를 회복하고 안전 고도를 회복하였다. 그리고 지상에 내려와서 엎드려뻗쳐 상태로 조종간 스틱으로 뒈지게 얻어맞았다. '진짜 낙화암에서 죽고 싶었냐?' 난 아직 더 살아야 한다.

그다음부터 공중조작을 못 해도 낙화암에 들이받고 죽자는 말은 없었다. 조종사 교육의 백미는 단연코 솔로 비행이다. 솔로 비행 전날 아찔한 우여곡절은 있었다. 솔로 비행이란 교관님과 동승 비행으로 비행 훈련을 하다가 진정한 조종사로 태어나는 것을 말한다. 이 쾌감 성취감 조종사로서 완성되는 순간이다. 솔로 비행 행사는 엄숙하고 비장하다. 비행 기량에 관한 최종 테스트를 하고 조종 기량이 완성되면 교관 좌석에 교관 대신 모래 자루를 싣고 무게 균형을 맞춘 다음, 학생 조종사 혼자서 최초로 단독 비행을 하는 것을 말한다.

이때 두 가지만 잘하면 된다. 하나는 창공을 박차고 이륙을 할 줄 아는 것이고, 두 번째는 활주로에 착륙할 줄 알면 되는 것이다. 비행기는 이륙보다 착륙이 훨씬 어렵다. 이륙은 활주로 끝에서 멀리 보고, 참고점을 정한 다음 최대 동력을 넣고 방향만 유지하면 비행기가 부양한다. 그다음 공중 상황에서 방향 유지와 적절한 상승률을 유지하면 된다. 이때 정말 중요한 것이 또 있다. 비행장 위치 확인이다. 분명 비행장은 내 뒤에 어딘가에 있을 것이다.

이륙했으면 이제는 착륙해야 할 것이 아닌가? 좌로 90도- 적절한 고도 상승, 다시 -수평 비행- 그다음 또 -좌로 90도- 조금 가다가 비행기 정상 작동상태 각종 계기 체크하고, 활주로 착륙장 확인이다. 이때 비행장 보이지 않으면 죽음이다. 헬리콥터이면 논바닥에라도 착륙하면 되지만 고정익 비행기는 사정이 다르다. 활주로 확인하고 속도와 고도를 줄이면서 3번째 -좌로 90도- 강하 선회를 한다. 다음 계속 강하 비행을 하면서 4번째 -좌로 90도- 선회를 하면서 활주로 연장선과 비행기 위치가 정확하게 일직선을 유지하면서 계속 강하 비행으로 활주로에 최종 접근을 한다. 이 조작이 조종사가 가장 섬세한 조작을 해야 하는 부분이다. 활주로 끝단에 정확하게 비행기 바퀴가 닿아야 나머지 활주로에 지상 활주를 하면서 속도를 감소시켜야 최종 착륙이 완성된다.

우리가 솔로 비행을 하루 앞두고 최종 테스트하는 날, 한 학생이 착륙지점을 오버하고 복행할 타이밍을 놓쳐서 활주로 중간쯤에 접지 동작이 들어갔다. 복행도 못 하고 급브레이크를 밟았는데 활주로를 벗어나 아슬아슬하게 활주로 반대편 끝단 배수로에 전복되면서 담벼락 출동은 간신히 면하고 비행기가 물구나무를 선 불상사를 초래하였다. 불행 중에 천운으로 인명사고는 면하였다. 이러한 우여곡절 속에 다음날 솔로 비행은 강행되었고 우리는 모두 솔로 비행에 합격하고 축배의 잔을 마셨다. 노랑 병아리 조종사에서 독수리 날개 윙을 달았다. 1985년 가을이었다.

기합도 많이 받고 바짝 잡힌 군기 속에 '빨간 모자의 악동 고정익 94기' 들은 육군 항공 학교를 졸업하였다.

수색 비행장에서 '고정익 비행기 초임 조종사'

_1985년 10월

항공학교를 졸업하고 결혼을 하였다. 조종사로 최초로 배치받은 부대는 수색 비행장이었다. 이 부대의 장교들은 정말로 특별한 충성심으로 신임을 받는 장교들이 보직된다. 1212사태 이후 수도권에 배치된 장군들은 대통령의 신임을 많이 받는 심복들이 보직된다. 그러니까 부대의 사기충천하고 충성도는 더욱 충직하다. 간혹 나처럼 운 좋은 사람들이 배치되기도 한다.

그러면 으레 누구 백으로 여기를 왔느냐는 질문을 많이 받는다. 이때 우리 군의 '고정익 비행기'는 노후 장비로 분류되어 있고 헬리콥터로 중요한 임무를 수행하는 전환기라고 할 수 있었다. 중위로 결혼 생활하기가 빠듯하였으나 조종사 수당이 조금 보탬이 되어 겨우 두 식구 살림하며 살만했다. 아들이 태어나고 대위로 진급하니까 알뜰하게 세 식구 먹고살 만했다. 이때 테니스도 조금 배웠다.

회전익 전환반 70기

_1987년 여름

3년간 사단 항공대 근무를 마치고 '회전익 항공기' 기종 전환 교육을 받으러 또다시 육군 항공 학교에 '회전익 전환반 70기'로 입교를 하였다.

기본 조종 교육도 '고정익 94기'로 마지막 기수로 교육을 받고 1987년도에 '회전익 전환반' 교육도 70기 마지막 기수로 교육을 받았다. 이때 이후로 우리나라 육군 항공은 헬리콥터 조종사만 존재하게 된다. '고정익 조종사'와 '회전익 조종사' 두 가지 자격을 보유한 조종사로 헬리콥터만 운용하게 된 것이다. 항공사령부 예하 공격 헬기부대인 경기도 포천에 있는 항공대로 배치를 받았다. 헬기 조종사가 되어 승진 훈련장에서 항공기 사격 엄청 많이 했다. 그리고 적 저공 저속 항공기 침투에 대비한 야간비행을 엄청 강조할 때라, 코피 터지도록 주야간 비행 훈련을 했다. 야간 비행과 항공기 사격훈련을 진절머리 나도록 했다. 정말로 아침에 세수하다 보면 코피가 터진 적이 있다.

88년도 팀스피리트 훈련에 참가하였다. 1984년도 오뚝이사단 수색대대 소대장으로 팀스피리트 훈련에 참가한 이후 조종사가 되어, 같은 훈련에 참가하니까 감회가 새로웠다. 발바닥이 부르트도록 걸어 다니던 이 길을 비행기로 전투를 하니까 하늘의 신선 같았다. 여기 부대에서 지상업무 참모 보직은 정비 장교 임무를 수행하였다. 정비 장교의 주요 업무는 부대 항공기 정비계획을 수립하고 정비사들을 지휘하는 것과 정비반 병력 관리 항공기 정비에 관한 기술회보 수행과 기술회보 내용을 지휘관께 보고하는 것과 간부들에게 '기술회보' 내용을 설명하고, 전파하는 일과 정비활동 감독 등이다. 이때 항공기 수리 부속과 부분품의 기능과 원리에 대해서 많은 전문적인 공부를 하게 되었다.

고등군사반 입학

_1988년 10월

1988년도 고등군사반(OAC) 교육을 받으러 육군항공학교에 입교하였다. 6개월짜리 교육을 세 번째 받으러 갔다. '고등군사반'에서는 중대장 이상 임무 수행에 필요한 전술과 군사학과 참모학 부대 관리 등에 관한 교육을 받는다. 이 교육의 특징은 엄청난 양의 교육을 시키고 매번 시험을 쳐서 성적을 매긴다. 그리고 이 성적은 소령 진급과 상위계급 진급 시 '진급 선발' 평가 점수에 반영된다.

그래서 젊은 장교들이 눈에 쌍심지를 켜고 죽기 살기 살벌하게 공부를 한다. 대한민국 장교들은 모두 다 이러하다. 물론 단기간 근무하고 사회로 진출할 장교들은 크게 부담은 안 갖지만, 서열이 있기 때문에 열심히 고3 보다는 열심히 공부한다. 다들 하는 소리가 있다. 공부 안 하려고 군대 왔는데 이 무슨 팔자로

고3 보다 더 공부해야 하느냐고 푸념들이다.

조치원에는 복숭아와 딸기가 특산물이다. 멧돼지 고기 파는 식당도 있어서 가끔 먹었다. 동기들과 만나 공부하니까 좋은 점도 많았다. '남자의 지옥, 군인 가족의 천국'이란 말이 이럴 때 적당한 말이다. 가족처럼 같이 지낼 동기들이 있으니까 넘치도록 정이 들고 가족애로 친해진다.

전설의 조종사 아들은 3살 때부터 헬리콥터를 탔다.

동해안 최북단 속초 비행장으로 날아간다

_1989년 4월

가도 가도 끝이 없다. 동해안 최북단 속초 가는 길이 멀긴 멀다. 8t 화물차에 이삿짐을 싣고 세 가족이 같이 타고, 가도 가도 끝이 없는 최전방으로 가는 길에 가족이 많이 울었다. 군인 가족의 비애를 맛보았을 것이다. 많이 미안했다.

관사가 없어서 어부의 아래채 단칸방에 세를 얻어 살았다.

달동네 집으로, 군인 새댁들에게 사글세 놓으려고 돼지우리였던 곳을, 방 한 칸 부엌 하나 공동화장실을 만들어 세 가구가 살도록 개조한 집이었다. 어떤 때는 직업이 어부인 주인아저씨가 밤에 바다에 나가 잡아온 물고기에 상처가 나 경매 못한 생선 몇 마리씩 나누어 주셨다. 정감 있고 인심 좋은 소박한 곳이었다.

이곳에서 둘째가 태어나고 큰아들은 '강현초등학교'에 입학하였다.

강현초등학교는 축구선수 김주성의 모교이기도 하다. 최전방이라 간부들과 가족들의 분위기는 형제처럼 좋았다. 의지할 곳 없는 최전방에서 동병상련 군인 가족끼리 생존을 위한 단결을 강요하지 않아도 자연스럽게 오순도순 지내게 된다. 부대원은 그냥 한 식구다. 힘든 부대의 여건일수록 전우애는 돈독해진다. 초창기에는 기라성 같은 선배들이 많아서 편안하게 직책 임무만 수행하고 화목한 분위기에 편승하면 되었다.

이때 최전방에서 군인으로서 복지혜택을 보는 것은 하나도 없었다. 난 이때 개인발전을 위해서 '방송통신대학교'에 편입을 하여 졸업하였다. 대단한 인내력과 의지였다. 방송통신대학교에 입학해서 8년 만에 졸업 비율이 8%라는 통계가 나왔을 때니까 학점을 이수하고 졸업시험에 합격했다는 것은 보통 독종이 아니면 어려운 공부였다.

속초에서 2년 근무하는 동안, 선배들이 순식간에 인사이동으로 타 부대로 전출을 가고 내가 서열 삼인자가 되었다. 기라성 같았던 보좌관 이창우 소령, 이준학 대위, 조영동 대위가, 빠져나가고, 박주현 선배가 사단장 지휘기 조종사로 임무 수행하고 나는 부대 '작전 장교' 임무를 수행하였다. 그래도 부대가 탄탄하게 유지되었다. '지휘기 임무' 박주현 대위께서 잘 수행하고 부대 총괄은 내가 탄탄하게 지키고 있었다.

작전 장교를 하기 전에 나는 육군항공학교에 항공기 정비 시험 비행 조종사 과정을 이수하였다. 시험 비행 조종사란 항공기를 최초 생산이나 중량물 교환 중요 정비를 하고 나면 정상적으로 안전하게 작동되는지를 점검하여 승인되고, 자격을 가진 시험비행 조종사가 테스트하고, 안전하다고 판단되면 비행 기록부에 서명하여야만 일반 조종사들이 그 비행기를 타고 임무 수행이 가능해진다.

결론적으로, 정비를 수행하고 검증되지 않은 비행기를 시험비행 통해서 안전성을 테스트하는 것이라고 이해하면 된다. 이런 임무를 3년 동안 수행하였다. '시험 비행 조종사'는 우리 부대 비행기만 '시험비행' 하는 것이 아니라, 그 지역에 있는 기지 내 다른 부대 항공기도 시험비행을 지원해 주어야 한다. 동해안에 시험비행 유자격자가 나밖에 없어서 군단 공대 항공기까지 시험비행을 하는 막중한 임무를 수행하는 주요 인사가 되어 있었다. 그다음 박주현 대위께서 진급하고 타 부대로 전출을 갔다. "이 거참" 단순한 한 사람의 공백이 아니었다.

내 입장을 설명해 보자.

우선 사단 항공대에서 가장 중요한 임무인 '사단장 지휘기' 임무를 수행해야 한다. 동해안 최북단은 산악지대라 사단장님께서 차로 전방 순찰을 돌면 종일 몇 군데 못 간다. 최전방 부대 사단장의 가장 중요한 임무가 철책 경계이니까. 매일 전방 상황 관찰이고 1주에 3, 4회 철책을 방문한다. 사단장 지휘 비행 임무가 1주에 3, 4회 된다고 보면 된다. 거기에다 군사령부 회의 참석, 육군본부 회의 참석, 기타 부대 주요 시범 참관 등 임무가 대단히 많다. 지휘 비행 임무 수행하고 기지 내 모든 항공기 시험 비행하고 부대 지상 업무 총괄업무 수행해야 하니까 1인 3역을 하는 셈이다.

부대 총괄업무는 대부분 야간에 일을 처리하였다. 허구한 날 야근이다.

겨울철에 동해안에는 기후적인 영향으로 산불이 많이 난다. 또 한 북한군이 건조기에 화공작전으로 전방 철책 지역에 북풍이 불 때 산을 태운다. 그러면 그 불씨가 우리 쪽으로 날아와서 온 산에 산불이다. 화공작전 도발을 매년 한다. 그러면 항공사령부 헬기들이 산불 진화 작전에 투입된다. 이 항공기들은 해당 작전 지역 항공대장 통제하에 일사불란하고 질서 있게 진화 작전을 수행하게 된다.

이러한 임무가 발생하면 상황판단을 하여, 계획하고 시행하는 모든 업무를 작전 장교가 머리로 해야 하는데 계획 수립과 동시에 항공대장을 수행하여 공중통제 비행을 시행한다. 그리고 '야전 정비 부대'로 항공기 '정비 입고 비행'을 할 때도 오로지 내가 가야 한다. 정조종사가 나 혼자니까 이렇게 부대 운영 중에 나 혼자 힘이 드는 것이다. 3년 차에 후임 장교가 전입을 와서 '작전 장교' 업무를 인계하고 나니까 살 것 같았다.

부대 조종사 중에서 정조종사가 최소 3명은 있어야 원만하게 돌아가는데, 항공 대장도 어떤 때는 정조종사 자격 없는 부조종사 자격자가 있기에, 정조종사가 업무에 로드가 많이 걸린다.

이번 경우가 지휘관께서 500MD 헬리콥터 기종에 대해서 부조종사 자격자이기 때문에 항공기 운용에 관한 중요 절차를 내가 다 하니까 더욱 힘들었다. 처음 이곳에 왔을 때만 해도 지휘기는 항공 대장 김왕규 소령님이셨다. 이분도 비행기량도 뛰어난 분이고 비행의 달인 이창우 소령께서 사단장 지휘기 조종사로 계셨고, 이준학 박주현 조영동 대위 이런 분들이 모두 정조종사였다.

나도 기량이 강한 부조종사였기에 부대 전투력이 막강했는데, 기라성 같은 정조종사들이 한꺼번에 인사이동으로 빠져나가 버리고 인원수만 보충한다고 신임 조종사들로 채워 주니까 내가 고생을 많이 하였다. 김형식, 남국현, 박대규, 오윤기 이런 신임 조종사들과 고등군사반을 수료한 박병찬 대위, 이 사람들과 한 시대를 풍미하면서 최전방을 지켰고 1993년도 2월 동해안에 기록적인 폭설로 항공기 격납고 지붕이 내려앉아 헬리콥터 2대가 대파되는 사고를 당하였다. 2m의 눈 속에 복구 장비도 접근할 수가 없었다. 참으로 암담하고 처참했다.

천재지변으로 동해안에 학교 체육관 등 면적이 큰 건물 지붕은 다 내려앉았다. 이 사고 이후 사고 수습하고 후속 조치하는데, 8개월 소요되었다. 헬기 한 대를 다른 부대에서 관리 전환받아서 사단장 지휘기와 전방 응급환자 후송 작전은 변함없이 수행하였다. 선임들 빠져나가고 신참만 보충되고는 나 혼자 작전 장교 임무 수행할 때는 참 힘들었는데, 후임자가 전입을 와서 작전 장교 임무를 수행하니까 좀 살 것 같았다.

난 운항업무 총괄과 시험비행 지휘기 임무 수행에 전념할 수 있었다. 잠시 거쳐 간 장교들로는 대한항공 기장을 지낸 김윤중 선배님이 같이 근무하였고, 김수호 선배가 나의 부조종사로 편성되어 임무를 많이 다녔다. 기동헬기 자원이라 공격 헬기 기량은 부조종사 자격이기 때문이다. 김수호 선배와는 관사가 옆집이라 이웃하며 즐겁게 잘 지냈다. 천 리 먼길 고향 떠나온 사람들이라 추우나 더우나 최전방에서 전우들과 서로 의지하고, 돕고, 나누어 먹고, 정 나누고 배려하며 믿고, 사람 냄새 풍기며 잘 살았다.

부대 근무 열심히 하고 맡은 바 임무 수행에 최선을 다하였다.

그런데 어떤 상급자는 평정권을 가지고 상식에 벗어난 대결 구도를 조장하고 이간질할 때 군인의 비애를 느꼈다. 지휘관이 이간질해도 유혹에 넘어가지 않고 순리대로 정직하게 근무해준 후배 장교가 대견하고, 지휘관보다도 훨씬 정의롭고 장교다웠다. 그러한 지휘관은 소령으로 전역했고 순리대로 간 나와 후배 장교는 중령으로 진급을 했다.

사람 사는 순리가 무엇인지 엉뚱한 기대를 하지 말자. 여기서 같이 근무한 한 분 한 분, 다 소중하다. 그러나 모두 독특한 특징이 있다. 내가 속초 비행장으로 발령받아 근무하면서 모셨던 항공 대장님은 당시 계급으로 김왕규 소령, 리성규 소령, 박융성 소령, 김홍채 소령, 양재석 중령이었고 같은 기지에 있는 군단 항공 대장님은 배종석 대령, 김왕걸 대령, 노승순 대령, 이현 대령, 이런 기라성 같은 분들과 가까이에서 근무를 하였다.

사단 항공 대장님들을 잠시 기억에 떠올린다.

김왕규 소령님은 비행 임무 잘하시고, 테니스를 좋아하고 업무 보고서 작성이 정말 예술적이었다. 펜글씨로 업무 보고서를 예쁘게 직접 작성하시는 분이시다.

그다음 이성규 중령님, 참모들이 일 잘하게 믿고 맡기고 격려를 잘해 주신다. 어학에 능통하고 영어는 수준 이상으로 잘하시고 기획 능력이 우수하다. 헬리콥터 운용도 잘하셨다. 내가 작전 장교로 일할 때도, 모든 일에 건의하고 결심을 굳히면, '그렇게 해.'라고 전격적으로 믿고 맡겨 주셨다.

동해안에 기록적인 폭설로 격납고가 붕괴되어 헬리콥터 2대가 파손되었을 때도 차분하게 후속 조치를 잘하였다. 천재지변이지만 주요 장비의 손실과 격납고 붕괴로 인한 전투력 손실은 컸다. 큰 사고가 나면 부대나 개인은 모두 수사기관을 포함한 5부 합동 조사를 받고 모든 간부는 피의자 신분으로 죄인처럼 조사를 받아야 한다. 참 어려운 시절이었다. 난 부대 작전 장교로서 모든 조사에 대응하고 보고서를 만들어 보고하여야 했다.

이런 시기에 항공 대장님께서는 모든 책임을 당신이 지시겠다고 부하들은 죄가 없으니 살살 다루라고 큰소리치셨다. 수사 3일 차 오후에 5부 합동 조사 단장이던 헌병 대장께서 수사관들과 조사관들을 집합시키더니, 현 시간부로 모든 수사와 조사를 종결한다고 발표를 하였다. 사단장님의 특별 지시였다. 그동안 항공대장이 소수의 항공부대 장병들과 헬리콥터를 안전하게 잘 운용하고 부대 관리에 최선을 다하였다. 폭설로 격납고가 붕괴된 것은 천재지변이지 인력으로 막을 수 있는 상황이 아니다.

사단의 참모들은 항공부대를 정상화시키고, 피해 복구 지원에 만전을 다하라는 특별 지시하셨다. 눈물겹도록 감사하고 미안하였다. 정말로 눈물이 핑 돌았다. 내 헬리콥터가 파손된 것도 서러운데 죄인처럼 3일 동안 조사받은 것도 억울하고 만감이 교차하였다. 그날은 아무것도 생각 않고 퇴근해서 쉬었다. 다음 날부터 사고 개요부터 경과 복구 진행 상황까지 상급부대와 관계기관 육군본부에까지 매일 보고를 하고, 수시로 현 상황 파악한다고 걸려오는 전화 때문에 업무를 볼 수가 없었다. 이 사고 후속 조치를 하는데 8개월 정도 걸렸다.

그다음 박융성 소령님, 육군대학 교관 출신으로 자부심이 크고 기동헬기 부대에 많이 근무하여 '기동헬기' 운용을 잘하셨다. 지휘기 비행 임무 수행하면서 우리 부대에 보유한 공격형 항공기 운영에는 미흡한 점이 많아서 무척 신경 많이 썼다. 이때가 내가 가장 임무를 많이 수행할 때였다. 작전 장교 임무 수행하면서 사단장 지휘기 조종사 임무 수행, 정비 장교 업무, 시험 비행 업무까지 하면서 1인 3역을 소화했다. 내가 항공부대 작전 장교와 정조종사 임무를 수행하면서 참모 장교로서 역할을 200% 발휘를 하였다. 사단에서 작전 업무에 관한 협조와 처리 업무능력 모든 면에서 우수하게 평가를 받았다. 지상 부대에 작전 지원을 나가면 전투 프로답게 완벽하게 임무를 종결짓고야 말았다. 어떤 때에는 지상 부대와 훈련 협조를 하고 출동하였는데,

협조 장소 어떤 고지 헬기장에서 차후 작전을 위한 최종 협조와 변경사항에 관한 협조를 하기로 하였는데, 지상부대 협조관이 나타나지를 않는 것이다. 지상부대가 임무 장소에 나타나지 않으면 임무를 포기해야 한다. 그러면 결과는 항공 임무 지원 작전도 의미가 없어지는 것이다. 끝까지 훈련 지원을 위해서 부대 이동 중인 지상 부대 작전 장교를 만나기 위해서 행군로 길목을 내려가서 기다렸다가 최종 임무를 확인하는 경우도 있었다. 고지 정상에서 계곡 길목까지 조종복 입고 보병보다 더 보병답게 능선을 내려갔다가 다시 고지로 올라오면 조종복 등이 하얗게 된다. 땀이 말라서 염분이 하얗게 변한 것이다. 이렇게 열심히 하니까 어떤 날 사단 보안 검열 이후, 각 부처와 예하 부대 실무자들 15명이 사단장님께 경고장을 받는 자리에서 나는 군사령관님 표창장을 받는 진풍경도 있었다.

이렇게 고생하는 부하를 진급, 적기에 속 시원하게 평가해 주고 격려해 주면 얼마나 고맙겠나? 참 아쉬운 시기를 보냈다.

그다음 김홍채 소령님께서 부임해 오셨다. 참 인간적이고 비행기도 잘 타셨지만 비행하는 것을 즐기는 것 같았다. 나도 나중에는 그러했다. 사단장님 지휘비행을 해도 워낙 알아서 잘하니까 나는 진정한 부조종사 역할만 하면 되니까 참 편안했다.

그전에는 북 치고 장구 치고를 내가 다했다.

속초에 근무할 때, 설악산 건봉산 높은 산악지대와 동해안 해풍이 교차하는 변화무쌍한 기후이다. 그래서 태백산맥을 넘을 때, 악천후에 휩싸여 조종사들이 사고로 많이 죽었다. 원주에서 속초로 오가는 임무를 주로 내가 단골로 수행하였는데, 내륙 쪽에 청명하던 기상이 설악산을 넘을 때 동해안에서 해안풍을 타고 온 구름으로 꽉 막힌다. 예측 못 하고 휘파람 불면서 영을 휘리릭 넘다가 해안 풍과 구름에 쑥 들어가면 바로 죽음이다. 설악산을 넘는 길도 북쪽으로부터 진부령, 미시령, 한계령, 조침령, 저 아래로 내려가서 진고개, 대관령 코스로 넘어가는 길이 있다. 기상에 따라 코스를 결정해서 다닌다. 기상이 좋을 때는 조종사 맘대로 간다. 나는 주로 단거리 코스로 횡성, 풍암리, 아홉사리 고개, 현리, 조침령, 양양 코스로 다녔다.

설악산을 넘는 순간 해풍과 산악이 부딪혀 소용돌이를 치거나 상승기류를 타면 비행이 강하가 되지 않고, 하강 풍을 만나면 비행기가 돌덩이처럼 300피트 정도 자유 낙하를 한다. 덜커덩하면서 헬멧이 조종실 천정에 '쿵' 하고 부딪친다. 안전벨트의 어깨를 조인다. 식은땀이 등에 흘러내린다. 설악산 소용돌이 바람을 통과하려면, 바람에 낙엽이 자유롭게 날아가듯이 비행기도 조종간으로 컨트롤하려 힘주지 말고, 어느 정도 바람에 날려가도록 기류를 탈 줄 알아야 한다.

바람에 맞서 무리하게 컨트롤하다가 항공기 파워 오버를 하면 이 또 한 죽음이다. 설악산 넘다가 해풍과 구름에 조우하여 죽을 고비를 넘긴 일, 설악산 골짜기에서 엔진 이상 경고등이 들어와서 옥수수밭에 예방 착륙한 일, 항공기 화재 일보 직전 예방 착륙하여 화재를 모면한 일, 등등 생사고락을 함께한 전우들의 모습이 생생하다.

한 번은 오전 비행을 하고 내려왔는데 할머님께서 돌아가셨다는 전화를 받았다. 매우 슬펐다. 속초로 이사 와서, 할아버지께서 돌아가시고 적적한 삶을 살아가시는 할머니를, 한 1년이라도 장손이 모시고 살고 싶어서 한 달여간 모셨는데, 아내가 속초의료원에서 유방암 판정을 받고 울고불고하는 바람에 아버지께서 급히 속초에 오셔서 할머니를 모시고 집으로 내려가셨다.

그 이후 좀 계시다가 영영 돌아가시고 말았다.

아내는 강릉 동인병원에서 재진 결과 유선, 즉 멍울로 판정되었다. 하여튼 할머님 돌아가셨다는 소식을 접하고, 휴가를 내서 출발하려고 하는데, 8군단 선임 장교가 8군단에 정비가 끝난 항공기 시험비행을 해주고 휴가 가란다. 참 딱한 노릇이다. 안전비행 지침상 직계가족이 돌아가시면 운항 편성을 금지한다. 나는 상황이 이러이러해서 휴가 다녀온 후 시험 비행을 하겠노라고 했다.

8군단 선임 장교는 항공기 정비는 끝났는데 시험 비행을 못하면 내가 휴가 다녀올 때까지 1주일 정도를 그라운드 시켜야 하므로 항공기를 작전에 투입도 못 하고 교육비행도 못 하니까 꼭 시험비행을 해주고 가라고 간청한다. 할머니께서 돌아가셨는데, 속초서 경남 의령 우리 집까지 가는데도 8시간은 걸리는데, 한시라도 빨리 집에 가야 하는데……

안전비행 지침에도 위배되는 비행을 강요하는 선임이 참 미웠다. 내가 근무하는 사단 항공대대장님보다 선임인 군단 항공대 선임 장교의 억지를 뿌리치지 못하고 8군단 항공기 시험비행을 하기로 했다. 시험비행이란 정비가 끝난 항공기가 안전하게 작동되는지를 점검하는 비행으로 반드시 시험비행 자격을 가진 '시험비행 조종사'만이 할 수 있다. 시험비행 조종사는 기량이 우수하고 자격을 가져야 하지만, 부대마다 시험비행 조종사가 보직된 것은 아니다. 기지별로 한두 명씩 보직되어 있는데 이때 속초 기지에 시험 비행 조종사는 나밖에 없었다.

'500MD 토우기' 시험 비행이었다. 토우기는 시험 비행에 참 여러 가지 애로사항이 많은 항공기이다. 자체 중량이 기본기보다 많아서 가용 동력이 적다. 공중에서 시동이 꺼지면 돌덩이처럼 강하 속도가 엄청 빠르다. 하여튼 부조종사로 군단에 근무하는 민병인 대위가 편성되었다. 한 시간 정도 공중 조작과 시험 비행 절차를 수행하였다. 마지막 절차는 자동 활공에 대비하여 항공기 로타의 회전수가 정상범위에 들어오는가를 점검하는 절차이다. 이 점검은 공중에서 항공기 파워를 꺼버리는 절차이다.

고도 1,500피트 활주로 상공 진입, 동력을 아이들 동력으로 줄이고, 항공기 속도 60 낫트 자세 유지, N1동력 64~65%, 로타 회전 속도 인 그린 정상 속도 범위 유지, 볼 중앙, 강하 비행으로 내려오면서 우측 페달 마진 확인, 기계적으로 조작, 복창, 확인하면서 돌덩이처럼 항공기는 지면으로 떨어지는 순간에도 이러한 절차를 수행하는 것이다. 1,500피트에서 1,000피트로 자동 활공하면서 자동 회전 로타 회전수를 체크하는 절차이다. 1,000피트가 되면 동력을 회복하여 정상 동력으로 착륙하면 된다.

그런데 심각한 문제가 발생하였다. 순간의 판단이 생명을 좌우하는 순간이다. 자동 활공 조작을 하고 N1 회전수가 64~65%를 유지해 주어야 하는데 N1 회전수가 40%밖에 안 된다. 동력이 꺼진 것이나 다름없다. 재시동이 안 되면 '표준 비상절차'에 돌입하는 수밖에 없다. 1,000피트에서 동력 회복 조작에 들어가야 하는데 N1 회전수가 낮아서 엔진 아웃이 의심되었다. 500피트에서 겨우 N1 회전수가 정상범위로 회복되었다. 표준 비상착륙 자세에서 동력을 회복하여 극적으로 정상 착륙을 하였다. 시험비행은 언제나 긴장이 되는 비행 중 하나이다.

양재석 중령님은 성격이 좀 특이한 분이다. 영어도 잘하고 미국 가서 교육도 받고 온 우수 자원이다. 비행기도 잘 타신다. 성격이 소탈하며 술도 잘 먹고 사나이답다. 후배 장교들은 이런 대장님 분위기에 적응하기 어려워한다. 그러나 나는 이분과 좀 특별나게 유일하게 잘 지냈다. 내가 고등군사반 교육받을 때 교관을 하였고, 503 항공대에서 나의 중대장, 등등 사유로 우호적인 안면이 많았다.

사모님과도 소통이 잘되고 잘 지내서 좋았다. 통상 항공부대에서는 전출을 앞둔 장교들은 긴장이 풀려서 안전에 문제의 소지가 있다고 전출 명령을 받으면 2주 정도는 임무를 편성 안 한다. 그런데 내가 전출 신고하는 하루 전까지 사단장 지휘비행을 나랑 가자고 편성하여 고별비행을 하고자 하신 특이한 분이다. 건봉산 OP에서 금강산을 바라보며 가슴을 활짝 열었다.

1월 1일 동해안 겨울 푸른 파도를 뚫고 붉은 태양이 솟아오른다.

얼마나 역동적인가? 온 바다가 붉은 용광로처럼 솟아오른다.

새해가 밝아오는 창조의 순간이다.

나는 이글거리는 해를 하늘에서 바라본다.

이른 아침 차디찬 공기를 가르며 이륙하는 비행기에서 해를 본다.

새해를 맞이하는 찬란함이다.

헬리콥터 : 설악산 관제소 여기는 솔개 848 굿모닝.

관제소 : 솔개 848 굿모닝 쓸 ~

헬리콥터 : 솔개 848은 속초비행장을 이륙하여 DT지점에서 VIP를 탑승하여 건봉산과 통일전망대 화진포를 돌아 지정된 항로를 따라 비행할 것임.

관제소 : 코리도 진입과 이탈 시 보고 바랍니다. 오버.

헬리콥터 : 라져 솔개 848.

매년 새해 아침마다 어김없이 나는 전용 헬리콥터를 타고 동해안 일출을 보며 힘차게 비상한다.

고요한 새해 아침의 정적을 깨고 헬리콥터 무전기 전파가 동해안을 울린다. 금강산에서 북한군들도 다 듣고 있을 것이다. 그래도 어쩔 것인가? 동해안 최전방 지킴이 홍 대위가 두 눈 시퍼렇게 뜨고 우리 강토를 지키고 있지 않은가?

멋지다. 군복이 자랑스럽고

빨간 마후라가 자랑스럽다.

신년이 되면 군인들은 모두 비상 상태로 의연하게 작전 지역을 지킨다. 사단장님은 최전방 전선의 초병들 근무하는 노고를 격려하신다. 헬리콥터를 타고 새해 첫 일과를 시작한다. 우리는 과거 노무현 대통령께서 군 복무할 때 근무하셨던 최전방 OP 건봉산 OP를 순시하고 오소령을 지나 통일전망대로 비행을 한다. 우리나라 강토가 정말 아름답다. 저 멀리 금강산이 지척으로 보이고 선녀와 나무꾼의 전설이 있는 감호에서 목욕하는 선녀가 보일 듯도 하다.

자세히 내려다보면 남북에 철조망이 가로놓여 있고 젊음들이 초롱초롱한 눈망울로 적군들을 응시하고 있다. 별판을 달고 헬리콥터가 저공비행을 하면 초병들이 나라 지키는 함성이 들린다. "충성 근무 중 이상무"라고 외친다. 통일전망대를 순시하시고 7번 국도를 따라 해안선을 지키는 초병들을 격려하신다. 사령부로 복귀하여 주요 직위자들과 참모들의 도열을 받고 신년하례를 한다. 간부식당으로 이동하여 떡국으로 조찬을 하면서 덕담을 나누고 신년 결의를 다지며 새해를 맞이한다.

참 멋지지 않은가? 내가 지키는 전선을 헬리콥터로 쫙~ 순시를 하고 도열한 참모들과 새해 아침을 맞이하는 군인의 모습이 든든하다. 난 여기서 이런 아침을 5년 동안을 이렇게 맞이하였다.

여기서 근무하는 동안 가슴 아픈 사연 하나 적어야겠다.

내 친구다. 점심까지 같이 먹고 오후 임무 수행하던 조종사가 속초 기지에 1주간 파견근무를 마치고 자기 소속부대인 춘천

건봉산에서 VIP 임무 수행 중

기지로 복귀하면서 한순간 설악산 한계령 오색약수터 부근에서 구름에 들어가서 창공의 이슬로 사라졌다.

해안과 태백산맥이 만나면서 기류와 구름 바람이 실로 변화무쌍하다. 수시로 들려오는 동료 조종사의 사고 사망 소식에 안타까워했지만, 내 눈앞에서 동료가 한순간에 죽음이 되는 것을 보니까 죽고 사는 것이 실감 나지 않았다. 설악산 삼림 속에 실종된 동료의 시신과 헬리콥터를 찾느라고 나는 또 이틀 동안 수색 정찰 비행을 하였다. 이틀 만에 불에 타서 재가 된 헬리콥터와 전우를 수습했다. 최전방 철책에서 응급환자가 발생하면 최우선으로 헬리콥터로 후송시킨다. 이러한 임무가 고스란히 우리 조종사 내 몫이다. 대부분 내가 나서는 임무이다.

비행기는 2시간 비행하면 1시간 정비를 한다.

일정 시간이 경과하면 야전 정비 부대에 입고를 시켜서 정비한다. 이때 장거리 입고 및 출고 비행은 내가 수행을 했다. 헬리콥터로 속초에서 진해로 오갈 때는 중간중간에 연료 재보급을 해야 했다. 김해 대한항공에서 시험비행을 하고 출고하여 7번 국도를 따라 동해안 해안선을 거슬러 올라가기도 했다. 끝에서 끝 국토 종주 비행의 짜릿한 쾌감은 파일럿만이 느껴 보는 멋이리라. 이렇게 속초 기지에서 조종사로서 군인으로서 중요하고 다양한 임무를 수행하고 육군본부의 명령에 따라 육군항공학교 교관으로 선발되어 파일럿의 로망인 육군항공학교 교관으로 부임하게 된다.

육군항공학교 교관으로 영전과 소령 진급

_1994년 7월

육군항공 병과에 이런 유행어가 있다.

육군항공 3대 행운,

첫 번째, 육군항공학교 교관으로 근무하는 것.

두 번째, 갑호 비행 수당을 받는 것.

세 번째, 미국 항공학교에 유학 가는 것이다.

나는 영어 실력이 부족해서 애당초 미국 유학은 언감생심이고, 육군항공학교 교관으로 근무하게 되었고, 갑호 비행 수당도 받으니까 두 개의 행운은 얻은 셈이다. 그런데 이 구도가 예사롭지가 않다.

생각이 있는 선배들이 나를 보는 눈초리가 영-측은한 듯이 바라보고 앞길이 창창한 젊은 장교가 여기서 성장을 멈춘다니

안타깝다는 듯 동정 어린 눈빛이다.

10년 차 된 장교들의 지상 목표는 영관장교 진급이다.

전방에서 10년 동안 정말로 코피 터지게 열심히 근무해서 진급을 먼저 하고, '육군항공병과'의 산실인 '육군항공학교' 교관으로 근무를 해야지, 진급도 못 하고 여기로 와서, 어떻게든 진급을 하기 위해 기반과 터전을 다지고 있는 2년, 1년 선배들과 동기들이 있고, 치고 올라오는 실력이 빵빵한 후배들이 많은데, 어찌하려고 여기로 왔느냐는 것이다.

어떤 이들은 아예 진급을 포기하고 후방에서 편하게 근무하다가 대위로 전역하기로 마음먹고 온 장교로 평가절하하기도 했다. 지금 육군항공학교로 전입을 왔지만, 내년에는 반드시 진급해야 한다.

인맥이라기보다 아는 사람 정도일 뿐이다.

전방에 있을 때 군단 항공대장님이셨던 배종석 대령님이 교수부장이시고, 내가 모셨던 리성규 중령님이 학술학처 처장으로 계셨다. 어찌 보면 행운이기도 하였다.

일단 돌다리도 두들겨 보고 건너라고 올해 진급이 안 되면 내년에는 꼭 진급을 해야 한다.

안전한 구도로 학술학처 헬기 정비학 교관으로 보직을 받았다.

나로서는 다행인 구도이다.

지금 밝혀 두지만, 사실 나는 10월에 발표되는 1995년도 진급에 어느 정도 가능성을 기대하고 있었다. 전방에 근무하던 7월에 육군항공학교 교관으로 차출된다는 이야기를 듣고, '육군본부 인사 운영실' 항공병과 보직 담당 장교인 문대룡 중령께 면담하였다. 내가 전방에서 이렇게 열악한 환경에서 최선을 다하여 열심히 근무하였는데 진급 대상자인 장교들의 사지나 다름없는 "육군항공학교 차출은 재고해 주십시오."라고 건의를 하였다. 육군본부 인사 담당자들은 금년도 진급 대상자 중에 안정적으로 진급을 할 수 있는 인원들은 자력 검토를 통해서 판단을 내린다. 일부 아슬아슬한 인원들 때문에 진급 심의를 심사숙고하는 것이다. 면담 결과 들은 이야기를 요약하자면 금년도에 우리 동기생들이 주력 기수로 진급자들이 몇 명은 나온다.

우리 동기생들이 대부분 전방에 포진되어 있고 올해로 5년 차가 되어 모두 다 후방으로 인사이동 대상이다. 나를 포함한 몇몇 장교들은 핵심 참모인 작전 장교를 역임했고, 5년간 근무실적인 자력이 우수하다. 그중에서 나도 관리가 잘되어 있으니까 너무 걱정하지 말고 육군항공교로 가서 후진 양성에 최선을 다했으면 좋겠다는 당부이다. 여기서 나는 힌트를 얻었고 진급에 믿음을 가지고 편안한 마음으로 육군항공학교 교관으로 근무를 하였다.

1995년 10월에 대위에서 소령으로 진급한 진급심사 결과가 발표되었다. 아무리 열심히 근무를 잘했더라도 상대적으로 경쟁자들보다 점수가 뒤지면 진급에 선발되지 못한다. 그래서 개구리가 뛰는 방향과 진급자는 발표 전까지는 아무도 모른다.

이 해에 '육군항공학교'에서 진급한 인원은 5명이었다. 진급한 5명은 온갖 축하 세리머니를 받고 열심히 근무하였으나 진급 선발에 비선 된 여러 명의 대상자는 초상집이다. 매년 진급 발표 때면 겪게 되는 진풍경이다. 2년 선배 1명, 1년 선배 2명, 나, 1년 후배 1명 총 5명의 진급자가 선발되었다.

박흥주 학교장님께서 야전에서 진급 점수 다 채우고 육군항공학교로 전입 와서 진급 인원 비율을 높여 주어서 고맙다고 하셨다.

이듬해 8월에 소령 계급장을 달았다.

한쪽 어깨에는 학교장님께서 계급장을 달아 주시고, 또 다른 한쪽 어깨에는 가족이 계급장을 달아 준다. 계급장은 윗사람이 아랫사람에게 달아 주는 것이다.

그래서 마누라가 나보다 상급자이다. 육군항공학교 교관으로 보직된 행운에다가 진급까지 했으니까 행복이 가득했다. 이때, 나는 육군 항공의 역사에 길이 남을 큰 업적을 하나 남겼다. 국방 CBT 개발을 선도하였다. 그리고 취미 생활로 볼링을 즐겨

쳤는데 283점의 경이로운 기록으로 볼링장이 들썩거렸고, 볼링 하면 '홍성록'이라는 이미지를 심어주었다. 그리고 또 고려대학교 대학원에 국비 위탁으로 우수한 성적으로 석사과정을 졸업하였다. '호국 창룡사' 신도회 총무도 하였다.

이때 금강회 회장님은 정연수 대령님과 행정부장이신 황규만 대령님이셨다. 나중에 세월이 흐른 후에 나도 금강회 회장을

하였다. 육군항공학교 법당인 창룡사 건립 불사를 할 때 독실한 불자 차춘호 소령이 불사를 많이 했다. 인근 큰 사찰 큰스님들께 불사금을 많이 지원받아 왔다. 나중에 내가 금강회 회장을 할 때, 나는 큰스님들께 감사 인사만 하러 다녔다. 그리고 항공작전사령부 법당 점안불사를 할 때도 차춘호 소령이 금강회 총무를 하였는데, 나는 적극적으로 보조를 하였다.

그 후 남양주에서 항공대대 정작 과장을 할 때 '호국 월문사' 점안불사를 하였는데 이때도 적극적으로 참여를 하였다. 그리고 나중에 이곳에서 항공대대장을 할 때 여기서도 금강회 회장을 하였다. 사람을 좋아해서 맨날 먹고 놀기 좋아하는 장교 같았는데 언제 이러한 일을 했느냐고 고개를 갸우뚱하는 사람들이 많았다. 놀 때 놀고 할 때는 누구보다도 열정적으로 일했다.

CBT(Computer Based Training) 제작 과정과 결과 이야기이다. 이것은 역대급 성과이고 내가 국방부 CBT 경연대회에서 우수상을 받은 이후 20년 이상 육군항공학교가 CBT 개발 우수학교로 전통을 유지하였다.

유능한 후배 장교들이 더 많은 연구와 열정으로 기법을 보완 발전시킨 점을 높이 평가한다. 내가 교육방법의 혁신인 CBT 기법의 효시를 마련하였다는데 대해서 누구도 이의를 제기하지 않는다. 교관으로 보직되면 교관 연구 강의를 마치면 여유롭다. 과정이 들어오면 담당 과목 교육만 하면 된다. 이때 육군 교육사령부로부터 각 병과학교에 CBT 교육 과목을 개발하라는 지시가 있었는데, 각 병과 학교들은 CBT에 대한 개념도 잘 모르고 있었다. CBT(Computer Based Training)란 컴퓨터를 활용한 교육방법으로 미래 교육의 혁신적인 방법이다. 그런데 이것을 감히 개발하려고 하는 교관이 아무도 없었다. 육군항공학교 전산실장인 박만수 소령과 전산 장교인 송종석 대위가 CBT에 대한 마인드를 지니고 있었다. 전산병과 장교 중에서도 훌륭한 전산 전문가들이다. 전산 전문가들만으로는 CBT를 개발하기가 제한된다. 담당 과목 전문가가 있어야 가능한 것이다. 기존 교관들이 아무도 하려고 하지 않았다.

이제 막 교관 연구 강의를 마친 나에게 전산실장님이 한번 해보자는 것이다.

10월 말에 교육사령부 경연대회에 무조건 출품을 해야 한다는 것이다. 8월 말에 교관 연구 강의 마치자마자 휴식할 틈도 없이 바로 CBT 개발에 착수하였다. 두 달 동안 남들은 강의만 하고 여유 부릴 때, 강의하고 CBT 개발하느라 진땀을 뺐다.

드디어 10월 말, 14개 병과학교가 경연하는 '육군교육사령부' CBT 경연대회에서 최우수상을 받았다. 내친걸음으로 육군, 해군, 공군이 경합하는 국방부 경연대회에 참가하여 우수상을 탔다. 이것은 미래 교육의 방향을 제시하는 교육방법의 혁신을 예보하는 것으로 병과학교 차원에서 보면 역대급 사건이었다.

이어서, 정부 각 부처와 서울특별시, 경기도, 제주특별자치도 등 전국 지방자치단체가 참가하는 정부 기관에서 주관하는 이

용기술개발 경연대회에 국방부 대표로 참가하여 동상에 입상하는 쾌거를 이루었다. 진급 발표에 아랑곳하지 않고 학교 전산팀과 협력하여 CBT 개발에만 열중하였던 것이다.

실제로 전체 육군만 보더라도, 육군항공학교는 규모나 교관 인원수로 보나, 학생 수로 보나, 보병학교, 포병학교 등 과 비교해 보면 저 멀리 변방의 조그만 학교에 지나지 않았다. 이렇게 조그만 육군항공학교에서 CBT를 만들어 국방부를 놀라게 한 경이롭고 놀라운 결과를 보고 다들 한마디씩 한다.

변방에서 근무하다가 천지도 모르고 겁 없이 육군항공학교 교관으로 온 무모한 장교가 오자마자 진급을 하고 CBT를 개발하여 교육사령부 경연대회에서 최우수상을 받고 육군을 대표해서 국방부 경연대회에서 우수상을 받고, 정부 주관 경연대회에서 동상을 받았으니, "소령 진급을 아무나 하는 것이 아니다. 역시 진급을 할 만한 사람이 했다."라고 칭찬이다. 큰일을 마무리 하였다.

소신 있게 교관 근무를 하였다.

육군항공학교에서 근무하는 동안 고려대학교 대학원에 진학하여 경영학 석사 학위를 받았다. 낮에는 교관으로서 군인 학생들에게 항공기 정비학을 강의하고, 밤에는 대학원에서 경영학 석사과정을 공부하였다. 입학은 자비로 입학하였는데 나머지 4개 학기는 '군 장학금'을 절반을 받고 대학원을 졸업하였다.

전공은 경영학 중에서 마케팅을 전공하였다.

지도교수님인 윤훈현 박사님께서 마케팅 학문의 권위자였다. 석사 학위논문은 비영리 마케팅 중, 군 장교 홍보를 위한 내용으로 '우수 장교 확보를 위한 비영리 마케팅 전략에 관한 실증적 연구'이며, 부재는 '육군 3사관 지원 대상자를 중심으로'였는데 이 논문은 대학생들의 장교 선호도에 관한 방대한 설문과 과학적인 분석을 통하여 발전 방안을 도출한 훌륭한 논문이었다. 이때 내가 주장한 내용은 향후 10년간 군이 보완 발전시키면서 내가 주장한 방향으로 발전하였다. 예를 들어 3사관학교에 입학하여 2년간 학사과정 교육을 먼저 마치고, 학위를 수여 후 소위로 임관하는 방안이나 여군생도 양성의 이점, 군 진급 불균형 해소 방안 등도, 본 논문에서 발전 방안으로 제시한 내용이다.

내 주장이 받아들여졌는지 시대 상황이 바뀌었는지 실제로 나랑 군에 같이 간 내 동기생은 군에서 별 4개를 달았다. 이 논문은 국회도서관, 중앙도서관, 전국 국립대학교 도서관, 3사관학교 도서관에서 본 논문을 열람할 수 있다.

그 후 장교 중대장 보직을 마치고 육군대학교에 입교하였다.

항공기 정비학 교관과 대학원 졸업은 나중에 전역 후 '전남과학대학교' 초빙교수로 선발되는데 토양이 되었다.

육군항공학교에 근무할 때 이런 일도 있었다.

야전에서 임무수행 치열하게 하고 '육군항공병과'의 산실 '육군항공학교'에 근무하게 된 것은 정말 행운이다. 이 좋은 곳에서 기회를 잘 살려야 될 것이다.

워낙 인재들이 많이 몰려 있고 똑똑한 사람들이 많기 때문이다. 잘하면 본전이고 조금이라도 실수를 한다든지 잘못하면 고문관으로 취급되어 헤어나기가 힘든 조직이다. 많은 사람이 운집해있는 이런 곳이다.

내가 경험한 두 가지 사례가 있다.

점심시간이 되면 수업 없는 교관들은 미리 식사를 최대한 빨리하고 휴식 시간이나 산책 시간을 많이 갖는다. 난 수업이 있거나 말거나 식당이 좀 복잡해도 정시에 천천히 먹었다. 어느 한 날도 식사를 편안하게 먹었다. 그리고는 본청을 지나서 학처 사무실로 가는 길이다. 우리 사무실은 본청을 지나다녀야 한다.

늦게 식사를 하고 본청을 지나가는데 본청 앞에 학교장님과 학교 지휘부 참모들이 도열하고 서 있다. 그 앞을 육군 대위가 지나가기가 참 어색하고 분위기가 지나가서는 안 될 것 같이 엄숙했다. 그렇다고 장교가 분위기에 압도되어 돌아가기는 더욱 이상했다. 상황은 더욱 긴장하는 분위기다. 엉겁결에 대열 제일 마지막에 정위치 하여 대령들 부장님들과 함께 당당하게 섰다. 세단이 막 들어서고 별을 3개를 다신 분이 라이방을 쓰고 내리신다. 맨 오른쪽 학교장님부터 악수하고 교수부장, 행정부장, 전발부장, 교무처장, 인사행정처장 순서로 악수를 하고 학교장님께서 안내하신다. 맨 끝에 새파란 대위가 한 개 서 있다. 3성 장군께서 대위랑 악수하고 뭐라 뭐라 격려를 하고, 홍 대위도 옆집 아저씨를 만난 듯 담소를 나눈다. 박홍주 학교장님께서도 편안하게 소개를 해 주신다.

“최전방에서 근무하다가 최근에 전입한 장교인데 열심히 근무 잘하는 우수한 장교입니다.”

‘이번에 소령 진급심사에도 선발되었습니다.’라고 친절하고 우호적으로 소개를 해 주셨다. 내가 한 이야기는 ‘충성! 군단장님 반갑습니다.’ ‘22사단 항공대 지휘기 조종사 홍성록입니다.’ ‘전방 임무 마치고 이곳으로 전입 왔습니다.’라는 말만 했다. 참 반가운 분이셨다.

3스타 장군님은 뉘신고 했더니, 22사단에서 내가 ‘사단장 지휘기 조종사’를 할 때 사단장님이셨던 곽동도 장군님이셨다. 지금은 7군단장으로 승진하여 작전 지역 순시 중에 지휘기 헬리콥터 연료 보급을 위해서 육군항공학교에 잠시 내린 것이다. 연료 보급하는 동안 30분 정도 틈이 있어서 교장님과 차담을 나누러 오시는 길이었다. 헬리콥터 임무는 임무를 수행하다가 기지로 복귀할 연료가 모자라면 가장 가까운 항공기지에 가서 연료를 재보급한다. 장거리 임무 수행을 할 때도 마찬가지로 중간 기착지를 선정하여 연료를 재보급한다. 최종적으로 기지 복귀한 이후에도 45분 동안 비행 가능한 예비연료를 남겨야만 한다.

또, 한 가지 이야기는 목욕탕에서 생긴 이야기다.

아무것도 아니지만, 주변에서 우호적으로 보아주니까 여기서 생활하는 동안 시비 거는 사람 없이 편했다. 군대나 사회나 업무가 어려워서 힘든 것보다 사람과 사람의 관계가 불편하여 힘든 것이 많다. 이곳 육군항공학교도 마찬가지다. 구설수에 오르내리면 업무가 힘들어진다. 자기 할 일 깔끔하게 해 놓고 이웃들과 원만하게 잘 지내면 좋은 것이다.

또 다른 어느 날 일과를 끝내고 좀 늦은 시간에 운동하고 간부 목욕탕에 샤워하러 갔다. 일과 끝나면 운동하고 샤워하고 퇴근하는 것이 이곳 간부들의 루틴이다. 일과 마침과 동시에 목욕탕에 가면, 많은 사람이 한꺼번에 몰려 붐비기 때문에 난 좀 늦은 시간을 택한다. 보람찬 일과를 마치고 운동 좀 부지런히 하고 휘파람 불면서 사람들 대부분 빠져나간 널찍한 목욕탕에 기분 좋게 들어갔다.

계급장 옷장에 넣어두고 자연인으로 하루의 피로를 풀어볼 참이다. 인적 없는 곳에 한 사나이가 있다. 최근 새로 학교장으로 부임해 오신 장군인 학교장님께서 혼자 수행원도 없이 목욕하고 계신다.

이분 또 좀 특별난 데가 있어서 부딪히지 않는 것이 상책이다.

뭐라도 지적받으면 곤란해지니까 모두 피해 다닌다.

원수도 아니고 외나무다리도 아니지만, 계급장 떼고 자연인으로 목욕탕에 둘이 만 있다. 분위기가 서먹서먹했다. 대충 머리 헹구고 때밀이 타월을 들고 다가갔다. “학교장님 등 좀 밀어드리겠습니다.” 하고 공격적으로 다가갔다. 같이 근무한 적이 없는지라 초면이나 마찬가지다. 단지 학교에 같이 근무하는 교관이란 것밖에 모른다. 괜찮다고 손사래를 친다. 그래도 한 번 더 밀어 드린다니까 새파란 교관이 감히 장군님께 등을 밀어준다니까 기특했는지 그러면 하고 등을 내주신다.

친구들 간에는 목욕을 가면 서로 등을 밀어주면서 우정을 나눈다. 장군님 등도 한번 밀어보고, 나는 셀프로 때밀이 타월로 마무리했다. 그리고는 아무도 없을 줄 알고 사우나실로 들어갔는데 여기에 지휘부 참모들 대령님 들이 모두 그 안에 있다. 탕에서 학교장님과 오순도순 등을 밀어주는 광경을 다 보았던 것이다.

별것도 아닌 그림이 이곳에 근무하는 동안 내게 시비 거는 사람이 없었다는 사실이다.

가난한 농민의 아들로 태어나, 그저 이 한 몸 투혼으로 장교가 되었고, 조종사가 되었다. 그리고 영관장교로 진급을 하는 영애를 얻었지만 앞으로 나갈 일이 구만리이다. 집안에 줄도 백도 없는 몸이 장군들과 정감 있게 지내는 모습은 아이러니하게도 그 어떤 후광보다 큰 힘이 되어 주었다. 간부들 모두 다 겁내는 학교장님과 나는 CBT 개발로 국방부를 휩쓸고 다닌 공적과 착하고 순진한 인간성을 인정받아 더욱 돈독한 사이가 된다. 회식을 마치고 돌아가는 길에 복지회관 호프집에서 입가심하다가, 쑥 들어오신 학교장님과 조우되어 불려가서 학교장님의 좌청룡 우백호라 불리는 핵심 참모들과 밤새 술을 마신 적도 있다. 훗

날, 항공작전 사령관이 되셨을 때도, 전역 후에도 우호적인 관계는 지속되었고, 내가 진급을 하고 그분의 힘이 되어 주기도 했다.

이렇듯이 인간관계란 참으로 미묘하다. 그 당시는 보잘것없는 작은 친절이 깊은 신뢰와 존중이 바탕이 되는 돈독한 관계가 될 줄을 짐작이나 했었을까.

* 1995년도에 1996년도 소령으로 진급될 인원들을 진급발표를 하였기 때문에 계급을 표시할 때에 대위에서 소령으로 진급예정자라고 해서 대위(진)이라고 표시하는 것이 정확하다. 계급장을 대위를 달고 다니니까 대위가 맞다. 상장에 소령이라고 표시한 것은 소령으로 진급할 계급을 잘못 표시한 것이다.

제 5737 호

상 장

육군항공학교

동상 소령 홍성록 외2명

귀하는 제11회 중앙전산개발 경진대회에서 우수한 성적으로 입상하였으므로 이에 상장을 수여함

1995년 11월 14일

총무처장관 김기재

귀한 상장

제 212 호

상 장

항공기정비CBT시스템 우수작

육군항공학교
육군대위 홍성록

귀하는 1995년도 국방부 전산이용 기술 개발 경진대회에서 위와 같은 성적으로 입상하였으므로 이에 상장을 수여함

1995년 12월 6일

국방부장관 이 양 호

귀한 상장

육군대학교 입학

_1997년 말

육군대학교는 영관장교로 진급한 장교들을 대상으로 고급 전략 전술을 교육하는 곳이다.

이곳을 졸업하면 참모 장교의 자질 함양과 중령 진급 후 대대장 임무 수행에 필요한 소양과 전략 전술을 공부하는 곳으로 이 과정 성적이 진급 점수에 반영되므로 죽기 살기 공부를 하는 과정이다.

이 과정 동안 남자들의 지옥, 군인 가족의 천국이라는 말이 나오는 곳이다.

남편들은 학과점수 하나라도 더 받으려고 밤잠 설치는데 가족들은 사정이 다르다.

전후방 각지에서 아는 사람도 별로 없는 변방에서 윗사람 눈치도 보고 외롭고 고독하게 지내다가 여기 교육기관에는 모두가 동기생 내지 비슷한 선후배들만 있으니까 얼마나 반갑고 자유분방하였겠는가!

군에서는 동기생들의 전우애가 깊다.

나는 육군대학을 졸업하고 '항공작전 사령부'로 발령을 받았다.

아버지(우)와 작은아버지(좌) – 내가 육군대학교에 다닐 때 우리 집에 다니러 오셨다.

항공작전 사령부 코브라 항공대대 중대장

_1998년 4월

항공작전사령부 103 항공대대 2중대장으로 보직되었다. 코브라 헬리콥터 2개 편대를 이끄는 중대장이다. 주요 임무는 전방에 있는 각 보병사단 합협동훈련에 참가하는 것이다. 전방의 많은 사단 훈련에 합협동 전력으로 참가하고 최전방에 국지도발에 대비하여 파견근무도 많이 하였다. 세부적인 이야기는 군사사항이 많아서 생략한다.

이때부터 코브라 헬리콥터부대의 주요 직책을 수행하면서 철저한 코브라 전투 전문가가 된다. 코브라부대 중대장, 코브라부대 정보작전 과장, 코브라 여단 인사참모를 역임하고 야전군 사령부에 근무를 마치고 또 코브라부대 대대장까지 역임하게 된다.

이 시기에 항공장교들은 긴급 기동타격대 개념이라 휴가가 아니면 집에서 멀리 나갈 수가 없었다. 나는 대대에서 2중대장인데 정비중대장이 공석 이어서 정비중대장 임무를 수행하였다.

왜냐하면, 헬기 중대장은 2명이 있으니까 2개 중대가 교대로 합협동 훈련 지원을 나가면 되는 것이고, 정비중대장은 항공기와 인원 장비를 관리하고 정비 스케줄 관리와 정비사들을 지휘하고 통제하여야 하기에 공석으로 둘 수 없는 중요한 자리이다. 일이 많은 사람은 어디를 가도 일거리가 따라온다. 정비중대장은 헬기 중대장보다 업무량이 두 배는 더 많다.

이러한 모습은 주변의 눈과 입을 통해서 차장급 지휘관인 여단장님의 귀에도 다 들어가서 여단에서 중대가 평가를 받는데 좋은 점수를 받을 기회가 되기도 하였다. 항공작전사령부 예하 대대 근무 분위기는 상시 '작전 대기 태세' 개념이다. '긴급 대기'가 있고 '후속 대기'가 있지만, 영관장교들은 중요 직위자이기 때문에 위수지역 밖으로 나갈 수가 없었다. 주로 영내에서 테니스를 즐겨 쳤다. 항공전사령부에는 영내에 골프장이 있어서 골프를 칠 수도 있었다.

대대장은 김명원 중령으로 바뀌었고 나는 정비중대장 임무를 마치고 본연의 임무인 헬기 2중대장 중대장 보직도 마치고, 109 항공대대 정작 과장으로 자리를 옮겼다. 중령 진급하려면 대대 정작 과장은 필수 선호 보직이다. 대대장 조은기 중령님이 요청해서 정작 과장으로 갔다.

가정적으로 큰아들이 중학생이라 수도권에서 학교에 다니는 것이 가장 다행스럽고 이사 온 보람이었다. 정작 과장을 마치고 여단 인사참모로 보직되었다. 인사참모를 하면서 엑설런트하게 기본 업무 처리하는 것은 기본이고, 여단에 할당된 골프장 티 분배와 관리 감독도 인사참모 업무이다. 골프 실컷 쳤다.

가장 신경 쓴 업무는 항공작전사령부 국정감사 수감 때의 일이다.

천용택 국방위원장과 국회 국방위원 소속 국회의원과 수행원들 기자단들 100여 명의 중식을 1항공여단장 책임하에, 1항공여단 간부식당에서 준비하라는 지시이다. 고스란히 인사참모의 과제이다. 본부 대장을 시키지만, 대위가 국회 국방위원장 취향 맞춘 식단을 어떻게 짠다는 말인가? 내가 전면에서 나서야 했다. 항공작전 사령관님 관심도 대단하셨다. 김치 하나에도 신경을 쓰신다.

메뉴판 점검하다가 사령부 인사참모 대령이 혼났다. 반찬 중에 김치가 있었는데 무슨 김치냐는 것이었다. 사령부 인사 참모께서 머뭇거렸다. 혼났다. 무김치 배추김치 물김치 파김치 갓김치 쭉쭉 나오고 다시 보고하라고 하신다. 비상이다. 내일이 국정감사인데 '갓김치, 갓김치'이다. 천용택 국방위원장님이 갓김치를 잘 드신단다. 돌산도로 전화를 했다. 내일 아침까지 도착하도록 택배를 시켰다. 근사한 상차림을 완성했다.

우리 가족이 서울에서 내려와서 국정감사 나온 국회의원들 점심 밥상 식단 감독한다고 수고를 많이 했다. 이때가 항공사령부에서 항공작전사령부로 승격되었고 31 항공단은 1항공여단으로 승격되었다. 초대 여단장으로 최해필 대령님이 부임하셨다. 참모장 이수연 대령, 작전참모 주윤찬 중령, 인사참모 홍성록 소령, 군수참모 박순민 소령, 작전 장교 원유구 소령, 정보장교 진학민 소령, 참모진이 구성되었다. 2000년이다.

연말에 진급발표 때. 여단장 최해필 대령은 준장으로, 작전참모 주윤찬 중령은 대령으로 진급하여 여단 참모장으로, 원유구 소령은 중령으로 진급을 하였다. 후임 인선으로 새로운 지휘관이 부임하고 , 2001년도 진급 발표 때가 되었다. 지금까지 충직하게 근무하였으나 진급에서 누락되었다. 이렇게 성실하게 근무하였고 필요 보직을 다 쌓았는데도 진급이 되지 않는다. 참 허탈하고 힘이 빠지는 것이었다.

이 시기에 육군 전체 우리 동기생 중에 소령에서 중령 진급 비율이 대략 1/3 정도가 진급되고 2/3는 비선 되어 전역을 하게 된다. 군대 진급 구조가 피라미드 구조 인지라 어쩔 수 없는 것이기는 하지만, 고등군사반과 육군대학 성적이 반영되고 나머지는 매년 근무실적 평가 점수가 반영되고 다양한 제대의 참모 보직 점수가 반영되며, 당해 연도 진급 대상자 중에서 서열 상위권을 받으면 진급심사에서 유리하게 평가를 받는다.

나는 육군항공학교 교관과 다양한 보직을 쌓았고 필수 조직인 헬기 중대장을 하였고 전술훈련 우수중대 평가도 받았다. 그리고 항공대대 핵심 참모인 정작 과장을 마쳤다. 대대 정작 과장을 하면서 중령으로 진급하는 경우도 많았다. 나는 여기에 추가해서 여단에서 중요 참모인 인사참모를 하였다. 누가 봐도 이 정도 경력이면 중령 진급에 충분하다. 다만 문제가 되는 것은 당해 연도 진급 서열을 못 받으면 진급은 불가하다.

그래서 통상적이고 상식적으로 중요 보직에 근무한 사람이 진급이 안 되면 다음 해에는 진급에 유리하도록 평가를 해주는 것이 군대의 정서이고 지휘관과 참모의 덕목인 것이다. 이러한 룰이 지켜지지 않는 조직은 만인의 지탄받고 편파적인 지휘관이라고 욕을 많이 먹는다.

진급해 보겠다고 충심으로 근무하였는데 진급 추천 서열에서 한 번은 경쟁자가 있어서 못 받았다면 다음 해에는 기회를 주는 것이 인간적인 도리인데, 난 주변에서 모두 "충성스럽게 근무 잘하고 실적도 우수한데 진급에서 비선 되어 아깝다. 1년 더 고생해서 내년도에 꼭 진급하라."라고 위로를 해 준다. 그렇지만 난 지휘관으로부터 토사구팽 당해서 눈물을 머금고 1년 동안 충성을 다 하고도 진급의 기회마저 잡아보지 못하고 인사참모 자리에서 밀려났다.

제2작전사령부 입성

_2001년 12월

제2작전사령부 작전처 항공과에서 동기생 차진이 소령이 중령으로 진급을 하였다. 그 자리가 요직으로 서로 갈려고 아우성쳤다. 난 1항공여단에서 인사참모를 하면서 당해 연도 진급 서열을 1번을 못 받아서 비선 된 것이다.

그 자리를 물러나면서 육군본부 인사 운영실과 진급과에 면담 결과 야전군 사령부 근무를 추천해 주었다. 제2작전사 항공과로 지원을 하고 문서로 보고하였다. 여기 작전 처장은 이광동 장군님 항공과장은 이태만 대령님 모두 호남 출신분들이다. 내가 가고자 하는 자리는 중요한 자리이다. 그래서 진급하기에도 유리하다. 대신 진급하기 위한 여러 조건을 충족한 인원을 보직시켜야 한다.

그래서 항공과장님은 능력, 성실성, 충성심, 진급 가능성이 유리한 인원을 보직되기를 희망하셨다. 영호남 각지 출신 장교들이 이 자리를 희망했으나 육군본부 인사명령은 내가 선발되었다. 항공과장 이태만 대령님은 업무를 처리하거나 보고서를 검토하실 때 세심하게 철저하게 검토를 하신다. 한 번은 유달리 보고서 검토에 공을 들이셨다. 몇 번을 수정하여 최종본을 보고드렸다.

통상 실무자인 내가 보고서를 작성하면 과장님께서 검토하여 작전 처장님께 보고하시고 차담도 나누시고 한다. 하루는 공들여 만든 보고서를 결재하시고는, 나보고 작전 처장님께 직접 보고를 하라고 하셨다. 거기에는 항공과장님의 깊은 뜻이 담겨 있었다. 깔끔하게 업무를 하는 모습을 작전 처장님께 어필할 기회를 주신 것이다. 진급 대상자 2차 평가를 작전 처장님께서 하시기 때문이다.

그리고 항공과 업무 보고 시에 공개적으로 어필해 주신다. "홍성록 소령은 업무도 참신하게 잘하는 장교입니다. 올해 처장님께서 2차 평가를 우수하게 평가해 주시면 반드시 진급이 가능한 우수한 장교입니다."라고 강력하게 건의를 해 주신다. 군인은 자신을 인정해 주는 상관에게 목숨을 바친다. 군 생활하는 동안 모신 분 중에서 가장 훌륭하신 상급자이시고 청렴결백하시고 참 군인이셨다. 교회 장로님이기도 한 인품도 훌륭한 분이셨다. 내가 가장 존경하는 분이시다.

12월에 근무를 시작하여 이듬해 4월에 진급 선발 대상자 근무 평점을 작성하는 때까지 나의 능력을 최대한 발휘하여 상으로 평가를 받아야 2002년도 중령으로 진급을 해야 하는 절체절명의 기회이다. 1년 이상 묵묵히 근무를 잘하여 이미 그의 능력을 인정받은 장교들도 있을 것이다. 한번 해보자.

능숙한 업무처리로 기본업무 수행은 기본이고 톡톡 튀는 참신한 업무로 나를 어필할 것이 무엇인지부터 찾아보자. 작전사령부 항공과의 임무를 분석했다. 당면과제가 식별되었다. 전반기에 작전 지역에 있는 비주둔 비행장과 헬리패드장 전산화 작업을 완성할 것과 월드컵경기장 안전 경계작전 간 헬리콥터 전력을 지원할 월드컵경기장 안전 확보를 위한 항공 작전 태세 확립 두 가지의 큰 과제가 식별되었다.

먼저 헬리패드장 전산화 작업은 1군과 3군에서도 시도하였지만 아무도 완성을 못 하였다. 가장 작전 지역이 넓은 2군사령부에서 만들어 보자 GPS 지형 정보가 나오기 전이라서 수작업을 해야 했다.

헬리패드장 전산화 작업이란 충청 전라 경상도의 해안선과 내륙의 주요 거점지역 도심 작전 지역 주요 부대 레이더 기지 등 주요 지역의 헬리패드 현황과 제원을 지역별로 데이터베이스를 구축하여 초임 조종사라도 이 자료를 열람하면 위치를 확인하고 헬리패드장 제원을 확인할 수 있게 하였다. 항공 지원 작전 간 착륙 가능한 헬리콥터 기종을 사전에 알 수 있으므로 지상 작전 계획 수립이 용이하도록 하였다.

장거리 비행간 비상착륙 지점으로 활용하여 안전비행에 기여할 수 있도록 하였다. 작전부대별로 헬리패드장 관리 실태를 한눈에 볼 수 있도록 하였다. 이러한 작업을 위해 지역별로 섹터를 나누었다. 그리고 헬리콥터 한 대를 전담으로 편성하여 매일 임무 지역으로 날아가서 최근에 나온 디지털카메라로 사진을 찍고 지도에 표정을 하고 제원을 입력시켰다. 작전 지역에 헬리패드장이 몇천 개인데 주요 패드장 1,000개를 선정하여 사진을 다 찍었다. 그리고 제원을 입력하고 특징을 설명하였다.

김정호가 대동여지도를 만들 때 백두산을 12번 등반을 했다는 이야기를 들은 것 같다. 대한민국 삼면이 바다 해안선과 울진, 포항, 울산, 부산, 진해, 거제도, 고흥, 목포, 서천, 안면도, 지리산, 덕유산, 보현산, 죽령, 추풍령, 이화령, 주요 지역을 헬리콥터를 타고 이렇게 많이 샅샅이 다녀본 조종사 있으면 나와 보시라.

장장 6개월의 강행군을 하였다. 6개월 작업 끝에 군사령관 홍순호 대장님께 대면 브리핑을 하였다. 수고했다고 격려해 주시고 표창장을 하사해 주셨다. 전군 최초로 제2야전군사령부에서 헬리패드장 전산화 작업의 대 역사를 완성하였다.

2002 꿈은 이루어진다

_중령 진급

2군 작전 지역에 펼쳐지는 월드컵 경기장은 6개이다. 대전 전주 광주 부산 울산 대구 월드컵 축구 경기장이다. 국가적으로 중요한 행사이기에 선수와 관중 외국인과 국민의 안전이 최우선이기 때문에 철저한 경계작전과 안전이 최우선적으로 보장되어야 한다. 국가안전의 최후의 보루인 군대가 나서야 했다.

지상 작전과 지원부서 대공포들이 배치되었다. 각 경기장에는 헬리콥터로 채공 감시를 하고 항공 기동타격대를 운용했다. 이러한 통합적 항공작전을 계획하고 운용하는 임무를 항공과에서 수행하였다. 경기장마다 답사하고 실사를 하고 경찰과 지자체 공무원들과 임무를 분담하고 협조 사항을 협조하였다. 2002년 8월 더운 여름날 부산광역시 사직동 월드컵 경기장 안전점검을 마치고 장산대 회관에서 1박을 한다.

그리고 다음 날 울산 문수 경기장 점검을 나갈 계획이다. 해운대가 한눈에 보이는 장산대가 참 푸르고 아름다운 밤이다. 내일이면 가슴 부푸는 중령 진급발표 날인데 부대에 있으면 진급 발표전 날 초조한 기다림을 달래며 동료들이 사주는 '초조주'라도 한잔 먹을 텐데 나는 국가적으로 중요한 월드컵 경기장 안전점검을 나와 있는 터다.

여기에도 동병상련의 초조함을 보내는 동기생이 있다. 53사단에 근무하는 동기생 김병문 소령, 김대득 소령, 나 3명이 식사를 하였다. 내일이면 진급발표다. 해운대 푸른 물결 바라보이는 장산대 법당 혜명 법사님께 갔다. 철야기도를 할 참이다. 법사님께서 초조한 장교들 위로한다고 곡차를 한 잔 주셨다. 참 귀한 풍경이다.

우린 법사님과 내일이면 운명이 바뀔 중령 진급에 대한 소원을 빌고 빌었다. 해운대 장산대 법당 기도발 참 신통방통하다. 아침에 눈을 떠보니 해운대의 바다가 참 아름다웠다.

2군사령부 월드컵경기장 안전지원팀 TF 일행은 팀장 작전 차장님 주관으로 53사단에서 아침 상황회의를 하고 버스를 타고 울산 문수 월드컵 경기장 점검을 위해서 이동 중이다. 휴대폰 배터리 빵빵하다. 고요하게 이동하는 버스 속에서 유독 내 전화기 벨이 크게 울린다. 좀 이른 시간인데 가슴이 몹시 설레고 긴장이 된다. 정적을 깨는 한마디 '형님 축하드립니다.' 60 항공단에 근무하는 후배로부터 전화가 왔다. 꿈인가? 생시인가? 중령으로 진급했다는 축하 전화를 처음으로 받은 이다.

부대에 있어야 진급자 명단을 내 눈으로 확인해야 실감나지 야지에서 임무 수행 중이라 어리둥절하다. 세 통의 전화를 더 받고서야 내가 진급을 하기는 했나 보다 실감이 났다. 집으로 전화를 먼저 했다. 마누라가 울고 있다. 나도 한동안 말이 없었다. "수고했다. 애쓰고 마음 쓰고 내조하느라 고생했다. 수고했다" 한마디 했다.

군사령부 작전처에서 예년 같으면 4명 정도는 진급자가 나오는 구도인데 올해는 항공장교인 나 혼자 진급을 해서 작전처의 체면을 유지했다. 이렇게 진급을 하고 월드컵 4강까지 진출하는 동안 완벽한 항공작전이 되도록 통제를 다 하고, 1년간의 2군 항공과 근무를 마치고 금의환향 항공작전 사령부 대대장으로 발령을 받았다.

최정예 코브라 항공대대 대대장 취임

_2003년 2월

코브라 항공부대에서 헬기 중대장 대대정작 과장 여단 인사참모를 역임한 부대에 대대장으로 발령받아 오니 감회가 남다르다. 진정한 친정으로 돌아온 느낌이다. 취임식 때 지프를 타고 사열을 했다. 대대장으로 부임하면서 복무 중점은 항공작전태세 완비, 무사고 안전비행 전통 계승, 실전적인 교육 훈련, 장병 사기 복지 향상에 중점을 두고 사기 앙양과 부대 전 장병이 살맛 나는 병영 생활이 되도록 최선을 다하였다.

창군 이래 처음으로 야간에 연대급 부대를 공중 강습 작전을 시행하였는데 이 부대들을 선도하는 임무를 성공적으로 지휘하였다. 그 결과 전술훈련 평가 최우수부대와 안전 우수부대로 평가받았다. 그리고 큰 행사 제54회 국군의 날 행사 공중 편대 비행을 지휘하였다. 노무현 대통령께서 지상에서 사열하시고 공중에서는 헬리콥터 편대가 오색연막탄을 피우며 그 위용과 질서와 정연함을 과시하였다 그 편대를 1항공 여단장 이수연 대령 지휘하에 내가 훈련시키고 총감독 연출을 했다.

여기에 참석한 부대 규모는 500MD 1개 편대, 코브라 헬리콥터 2개 편대, 공군 퓨마 1개 편대, 해군 링스 1개 편대, 그리고 주한미군 아파치 헬리콥터 1개 편대를 작전 통제하여 매머드급으로 훈련시켜서 한 치의 오차도 없이 일사불란하게 대통령 주관 행사를 무사히 마무리하였다. 이 행사를 위해서 3개월 동안 단계별로 훈련을 시켰다. 대한민국 최정예 코브라 항공대대장 재직할 때 , 내 고향 경남 의령군 낙서면 선배인 김병관 서울시 재향 군인회 회장님께서 우리 부대 장병들에게 특별 안보교육을 해 주셨다. 그리고 고향 후배가 군에서 항공대대장으로 근무하면서 나라 지키는 큰일을 하면서 고생한다며 통 큰 위문도 해 주셨다. 덕분에 통 큰 대대장 하는데, 큰 힘이 되었다. 이 지면을 빌어 선배님께 다시 한번 감사드립니다.

이때부터 마라톤을 연습하여 10여 년 동안 주로를 달렸다. 건강을 유지하는데 참 좋은 운동이고 한 번쯤 도전해 볼만 하다는 생각이다. 이 단락 말미에 마라톤 예찬과 취임사를 상기해보면서 남양주시 덕소의 느낌을 따로 남겨본다.

대대장을 나갈 때 미담이 있어서 꼭 감사함을 전한다. 2003년도에 코브라 항공대대장 소요가 2개가 있었는데 애초에 나는 이천에 있는 부대로 분류되었고, 추병갑 중령은 남양주에 있는 부대로 분류가 되었다. 그때 나는 매번 전출을 다니면서 아이들 교육문제가 중요 요소였다. 큰아이가 고등학생 작은아이가 중학생이기 때문이다. 이때 아이들을 전학을 시키는 것도 교육상 치명적이고 모험인데 조금이라도 교육 환경이 좋은 곳으로 보내고 싶은 마음이었다.

추 중령은 아직 아이들이 어리니까 아이들 교육문제는 큰 문제가 되지 않았다. 그렇지만 집이 서울이라 수도권에 근무하는 것이 여러 가지로 편리한 것이다. 아이들 전학 문제가 중요했으므로 고민하고 고민하다가 아이들이 중학교와 초등학교에 다녔던 남양주로 다시 갈 수 있다면 참 그나마 다행이다 싶었다. 그래서 추병갑 중령에게 나의 사정을 이야기하고 부임 부대를 상호 바꾸는 것으로 양해를 구했다.

아이들 교육문제라 흔쾌히 내 청을 받아준 추병갑 중령에게 다시 한번 진심으로 고맙다는 말을 전합니다.

코브라 항공대대장

文 化 …
제90호 2003년 7월 25일 금요일(음 6.26)~2003년 8월 9일 토요일(음 7.12)

서울시 재향군인회 김병관 회장

제109항공대대 장병 대상 안보강연

서울특별시 재향군인회 김병관 회장은 지난 5월 26일 항공작전사령부 제109항공대대(대대장 홍성록) 장병을 대상으로 "안보상황과 남북관계"란 주제로 안보특별 강연을 가졌다.

김 회장은 이번 강연에서 최근 북한 핵 문제를 비롯한 한반도 정세와 국제적 분쟁이 빈번한 불확실한 안보 상황을 정확하게 분석한 후 이에 입각한 올바른 국가관 함양과 장병들의 건전한 군생활 자세 등을 강조하여 장병들로부터 뜨거운 호응을 받았다.

제109 항공대대장 홍성록 중령은 이 강연을 "현 대내외의 한반도의 안보위협상황을 명확히 인식하고 '필사즉생(必死則生)'에 입각, 적과 싸워 반드시 이길 수 있는 대적필승의 정신전력 강화에 크게 이바지했다"고 평가하고 "김 회장께 감사의 마음을 전하고 싶다"고 했다.

제109항공대대는 현대전의 핵심전력인 AH-1S 중무장 코브라공격헬기 대대로서 우리나라 중요지역을 담당하고 있는 입체고속 기동전의 핵심 전력이다.

서울시 재향군인회 김병관 회장 초청 안보강연

제 272호

표 창 장

제1항공여단

육군중령 홍 성 록

귀하는 평소 투철한 책임감으로 맡은 바 직무에 정려하여 왔으며 특히 2004년도 국군의날 행사를 성공적으로 수행함으로써 군 발전에 기여한 공이 크므로 이에 표창함

2005년 1월 28일

국방부장관 윤 광 웅

국군의 날 대통령님 앞에서 헬리콥터 편대비행 부대들을 지휘하였다.

여기 이 사람

제109항공대 홍성록 대대장

낙서면 갈곡리에서 출생한 홍 중령<사진>은 지난 83년 육군소위로 임관한 후 85년 육군항공학교를 졸업하고 조종사로 임명되어 지난해 중령으로 진급, 현재 항공작전사령부 제109대 대대장으로 근무하고 있다.

고향 사람들은 "전통과 유학을 중시하는 엄격한 가정환경 속에서 2남 3녀의 장남으로 태어난 홍성록 중령은 청렴결백을 미덕으로 삼고 완고한 선비로서의 길을 걸으셨던 조부님의 영향과 지역사회의 일지 때문에 어려서부터 충·효·예의 가르침을 바탕으로 바르고 곧은 유년과 청년기를 보냈다.

어렵고 가난한 시골 가정 형편에 [illegible] 농사일과 공부를 병행하여 부모님을 섬기고 비슷한 처지의 시골 친구들과 깊은 우정과 의리를 다졌다.

또한 자신에 대한 끝없는 성찰과 성실성을 바탕으로 매사에 최선을 다하며 목표 성취를 위하여 노력하는 사람"이라는데 입을 모은다.

20여년의 군 생활동안 전·후방 주요부대에서 참모 및 지휘관 생활을 두루 거치며 고려대학교 경영정보대학원(석사)을 졸업하는 등 장교로서의 폭넓은 역량과 식견을 갖추고 있는 홍 중령은 현재는 국토방위의 핵심전력인 AH-1S 중무장 코브라 공격헬기 대대장으로서 국가와 국민을 위해 헌신하고 있다.

홍성록 중령은 바쁜 부대생활 중에도 항상 화목한 가정으로부터 생활의 활력소를 찾으며 겸손한 생활과 이웃 사람에 대한 배려와 확고한 국가관으로 존경받는 군 지휘관으로서의 길을 걸어가고 있다. (연락처: 전화 031-577-8515/ 휴대폰 017-672-3322 / e-mail: hsr2200@ hanmail.net)

<[illegible]>

부하들을 배려하고 존경받으며 확고한 국가관으로 지휘관의 길을 간다.

제1회 전우마라톤대회 참가

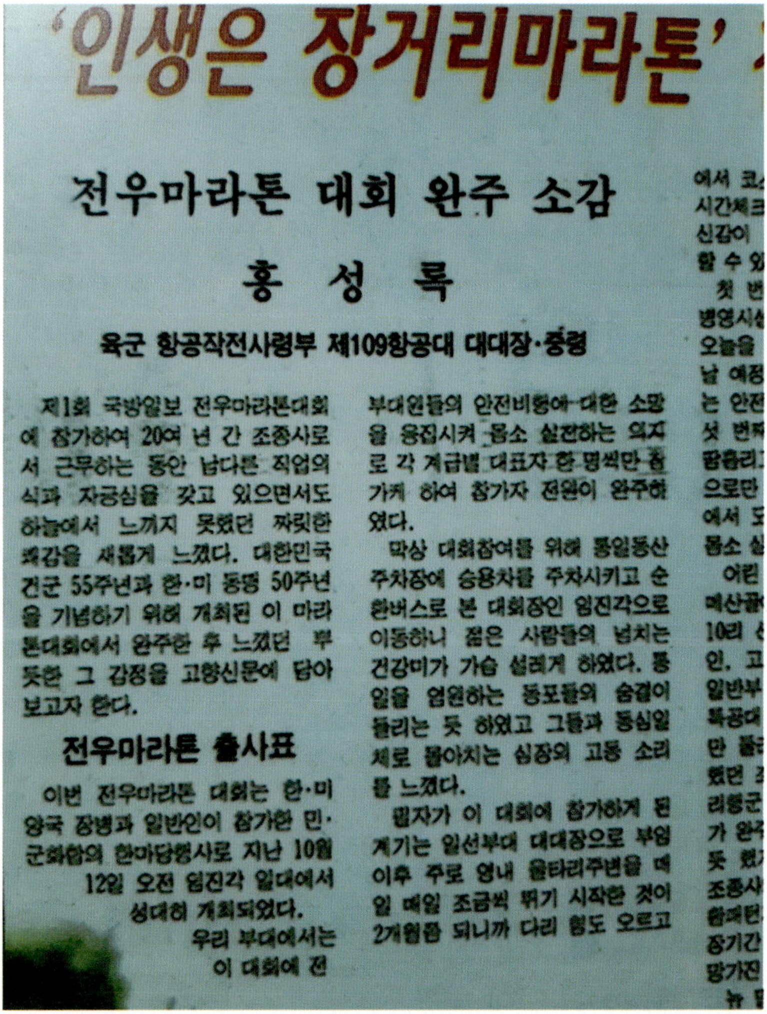

‘인생은 장거리마라톤’

전우마라톤 대회 완주 소감

홍 성 록

육군 항공작전사령부 제109항공대 대대장·중령

제1회 국방일보 전우마라톤대회에 참가하여 20여 년 간 조종사로서 근무하는 동안 남다른 직업의식과 자긍심을 갖고 있으면서도 하늘에서 느끼지 못했던 짜릿한 쾌감을 새롭게 느꼈다. 대한민국 건군 55주년과 한·미 동맹 50주년을 기념하기 위해 개최된 이 마라톤대회에서 완주한 후 느꼈던 뿌듯한 그 감정을 고향신문에 담아 보고자 한다.

전우마라톤 출사표

이번 전우마라톤 대회는 한·미 양국 장병과 일반인이 참가한 민·군화합의 한마당행사로 지난 10월 12일 오전 임진각 일대에서 성대히 개최되었다.

우리 부대에서는 이 대회에 전부대원들의 안전비행에 대한 소망을 응집시켜 몸소 실천하는 의지로 각 계급별 대표자 한 명씩만 참가케 하여 참가자 전원이 완주하였다.

막상 대회참여를 위해 통일동산 주차장에 승용차를 주차시키고 순환버스로 본 대회장인 임진각으로 이동하니 젊은 사람들의 넘치는 건강미가 가슴 설레게 하였다. 통일을 염원하는 동포들의 숨결이 들리는 듯 하였고 그들과 동심일체로 몰아치는 심장의 고동 소리를 느꼈다.

필자가 이 대회에 참가하게 된 계기는 일선부대 대대장으로 부임 이후 주로 영내 울타리주변을 매일 매일 조금씩 뛰기 시작한 것이 2개월쯤 되니까 다리 힘도 오르고

인생은 장거리 마라톤, 전우마라톤 대회 완주 소감

스노보드를 타는 홍성록! 천마산 스키장, 포천, 오비베어스타운 스키장, 홍천 비발디파크, 무주리조트에서 몇 년 동안 스노보드를 탔다.

육군항공학교 전투 실험 처장

_2005년 5월

대대장을 마치고 논산 육군항공학교 전투 실험 처장으로 부임하였다. 북한이 수시로 핵실험 미사일 발사 실험하는 것처럼 우리 군 전투에 필요한 전투 실험을 총괄하는 자리였다. 아들은 충남대학교로 진학을 하고 딸은 쌘뽈여고에 진학을 했다. 3년간 육군항공학교 전투 실험 처장 2년, 학생 대장 1년 보직을 마치고 또다시 대구 2작전 사령부로 와서 근무하였다. 논산을 떠나면서 서운한 마음을 달래 보았다.

서산에 해는 지는데 오늘도 마라톤 친구들과 성삼문재를 뛰어올랐다. 긴 호흡과 함께 느끼며 달려온 3년이란 세월 참 추억도 많구나

탑정호, 성삼문재 충남체육고등학교, 논산 공설운동장, 반야

산 많이도 달렸다.

이 해가 지나면 또 다른 곳으로 이사를 해야 한다.

'또 어디서 누구랑 막걸리 한 잔 할꼬?'

사랑하는 논산마라톤클럽 동지 여러분!

정든 논산마라톤클럽 회원 선배님 후배님 그리고 사랑하는 동지 여러분!

저는 이번 3월 말에 상부의 명령에 의하여 또 다른 곳으로 근무지를 옮기게 되었습니다. 그동안 분에 넘치는 사랑과 격려 속에 3년여 동안 약 20회의 시합을 여러분과 같이 참가하여 땀 흘린 골육지정을 정말 잊을 수가 없습니다.

그동안 주로에 흘린 땀방울은 얼마이며, 퍼마신 막걸리 또한 얼마인가. 비틀비틀 체육고 마트를 배회하던 기억들이 주마등처럼 뇌리를 스쳐 지나갑니다.

논산마라톤클럽 동지 여러분! 그리고 각계 각처에서 우리 클럽을 사랑해주시는 국민 여러분, 특히 지난날의 과오를 눈물로 참회하며 속죄의 마음으로 회계하면서, 옥중에서 새로운 삶을 위한 한 줄기 희망을 포기하지 않는 사람들을 관리하는 교도관, 남 감독님의 구수한 사투리가 오래 기억됩니다.

회자정리라고 했던가요? 인생사가 만남과 헤어짐의 연속이라지만 이렇게 정든 우리 논산마라톤클럽을 떠나기가 너무나 아쉽습니다. 하지만 더 큰 일을 하기 위해서 아직 제가 해야 할 중요한 사명이 있다는 것과 비록 몸은 논산을 떠나지만 항상 마음만은 여러분과 함께하고 있다는 것을 기억해 주시고, 여러 가지 부족함이 많았지만 좋은 기억들만 간직해 주시면 떠나는 이 몸 한줌 위안이 되겠습니다.

대구로 내려오시면 꼭 연락 주십시오. 막걸리 한 사발 식사 한 끼라도 대접하겠습니다. 대구에도 월드컵 경기장과 성암산 코스 금호강변 신천둔치 두류공원 등등 무수히 많은 코스가 있지만, 사람과 사람의 관계가 논산마라톤클럽만 하겠습니까?

정든 논산마라톤클럽 선배님 후배님 친구들 그리고 전사 여러분 항상 건강하시고 즐거운 달림이 이기를 두 손 모아 빌면서 논산마라톤클럽의 무궁한 발전을 기원합니다.

2008년 춘삼월에 홍성록 씀

제2작전사령부 항공작전 장교

_2008년 3월

아름다운 추억이 있는 곳 중령으로 진급한 곳으로 다시 이사를 왔다. 군 생활 20년이 넘어가니까 근무한 곳을 직급만 올려서 2번씩 근무하게 된다. 아들은 군대에 가고 딸은 또 데리고 와서 대학교에 진학을 시켰다. 우리 아이들은 고3 때도 전학을 다녔다. 참 미련하고 무책임한 부모다. 고3 학생을 전학시켜 데리고 다닌 무모한 부모라서 미안하다. 나라 지키는 군인 가족이라 어쩔 수가 없다.

우리 아이들 전학 기록도 만만하지 않다. 유치원 1번 초등학교 5번 중학교 1번 고등학교 1번의 전학을 했다. 친구가 없고 왕따를 당하고 낯선 곳 낯선 땅에서 나름 적응하며 울고, 면역력 잘 키워 극복 잘해줘서 고맙다. 작전사령부 작전처 항공과에서 항공작전 장교로 보직받아서 직무에 최선을 다하였다. 항공과 업무를 총괄하는 중요한 업무를 주도적으로 처리하는 중요한 주무 장교 자리이다.

옛 전우들과 동지를 만나서 참 반갑게 근무를 하였다. 이때 항공과장님은 김영수 대령님이었고 작전 처장님은 나중에 특전사령관과 참모총장을 지내신 장준규 장군님이셨다. 그리고 참모장님은 내가 소령 때 여기서 근무할 때 작전 과장을 하셨던 최용림 장군님께서 사단장을 마치고 참모장으로 오셨다. 이 정도면 백그라운드로 빵빵하다. 참모장님과 안면 덕분에 장군님들과 골프도 가끔 치고 행복한 나날을 보냈다.

최용림 장군님께서 작전 과장하실 때 일 년간 쭉 진행되는 일련의 훈련에서 항공작전이 지상부대 작전에 기여하는 바가 크다는 사실을 직시하시고 항공작전을 다양하게 운용하셨고, 난 항공 실무자로서 적시 적절한 참모 협조로 손발을 맞추어 작전 성과를 높이는데 기여한 일이 많았다. 항공과에서 항공작전은 단독작전이 아니고 지상부대 작전에 기여하는 역할이 대부분이다. 열심히 작전에 임하면 보병 지휘관으로부터 고맙다는 찬사를 많이 받기도 한다.

주말이면 불자로서 무열사에서 부처님께 기도 동참도 많이 하였다. 무열사에 김상래 법사님께서 계실 때 주말에 성지순례를 많이 하였다. 봉화 일월사 기장 용궁사 청도 운문사 등에도 이때 인연을 맺은 절 들이다. 세월이 흘러 항공과장으로 장대상 대령께서 부임하셨다. 1년을 항공작전 장교이며 항공과 업무

주무 장교로서 최선을 다하여 보필하였다.

그해 항공과장으로 모시는 장대상 대령께서 장군으로 진급을 하였다. 실로 감개무량하고 내 일처럼 기뻤다. 작전처 항공과가 실로 저력 있는 부서다. 내가 소령 때 모셨던 항공과장 이태만 장군님도 장군으로 승진하셨고 이번에 상급자로 계시는 장대상 장군께서 진급하셨으니 내가 여기서 모시며 보필한 분들이 다 장군으로 진급을 하셨으니 너무나 영광스럽다. 또 세월이 지나 이연세 대령이 항공과장으로 부임하였다.

나도 나이가 들었는지 인접 과장들은 나보다 임관이나 나이가 후배인 대령들이 다수 보직되었다. 군에서 장기간 근무하다 보면 누구나 이러한 계급이 전도되는 일을 경험하고 전역을 하게 된다. 계급 전도란 후배가 진급하여 내 상급자로 보직되어 오는 경우를 말한다. 이연세 대령의 배려로 난 육군항공학교에 조종사 전문과정에 교육을 받으러 갔다. 조종사 전문과정이란 조종사로서 전문적인 지식을 더욱 습득하여 민간항공기 사업용 조종사 면허를 취득하는 전문 교육 과정이다. 이 과정은 국토부에서 승인된 과정이다.

전역 후에 민간항공사에 취업하려면 반드시 항공기 조종사 면허를 소지하여야 한다. 조종사 면허를 취득하려면 조종사 전문 교육과정을 수료하여야 사업용 조종사 시험에 응시할 응시 자격을 부여받는다. 국토부 조종사 면허시험에 대해서는 뒷장에서 설명한다. 나는 육군항공학교 조종사 전문반에 입학하여 후배 장교들과 열심히 공부하여 특수급 항공 통신사 면허와 사업용 헬리콥터 면허를 취득하였다. 헬리콥터에 관한 한 전문자격을 보유하고 남북관계가 최고로 악화된 시기에 최전방 항공대장으로 갈 기회가 다시 생겨서 위국헌신 군인 본분의 자세로 최전방 근무를 자원하여 지원하였다.

국방부 업무 지시로 2작전 사령부에서 드라마 전우 촬영 시 군 헬리콥터를 지원하면서 최수종과 황매산에서 한 컷. 난 항공안전 통제업무로 현장에 출동하였다.

상록수 부대 항공대장 취임

_2011년 3월

아들은 군대에 갔고 딸은 대학교 기숙사에 입소를 시키고, 나는 또 중령 계급장 달고 세 번째 지휘관인 상록수부대 항공대장으로 자원하여 부임하였다.

대대장을 마치면 진급하여 연대장, 또 진급하고 사단장을 하는 것이 순리인데 나는 이거 중령 계급장 달고 계속 지휘관을 하는데 대대장만 세 번째 한다. 어찌 되었건 남들은 한 번도 못하는 대대장을 세 번씩이나 하니, 그것도 복이라면 복이다.

그러고 보니, 중대장도 세 번이나 하였네. 정비중대장, 헬기중대장, 장교 중대장을 하였구나. 중대장도 남들 한 번만 하는 것인데….

아무래도 나는 지휘관 체질인가 보다.

기억을 더듬다 보니 소대장도 두 번이네.

오뚝이부대 수색대대 소대장, 특공여단 소대장을 하였다.

참 녹색 견장 많이 찼다. 파주 항공대대장 부임은 특이한 케이스이다. 이때 남북 긴장 상태가 최고조로 격화되어 전쟁 1보 직전의 팽팽한 위기감이 돌 때였다. 전방 상황도 녹록지 않았다. 내가 항공대장으로 부임하여 지원하는 보병 사단장님들을 다 예방을 하였는데 사단장님들의 우국충정과 책임감은 정말 대단하였다.

여차하면 최전방 화기들의 사격명령을 내릴 만반의 준비를 완벽하게 하고 긴장 속에서 하루하루를 지내는 모습을 보았다. 그리고 최일선 작전 지역에 헬리콥터로 위력 시위를 자주 해 줄 것을 요청하였다. 최대한 지원을 약속했다. 그리고 전천후로 진두지휘를 하였다. 이때도 지상 화기들은 매복 진지 또는 전투 진지에서 숨죽이고 정적으로 대기한다. 항공 전력도 기습작전을 하지만 지상부대의 요청에 따라 위력 시위를 많이 하였다.

한때는 실전을 방불케 하는 방카로 대피 명령을 내리니까 일부 병사가 동요하고 전쟁 공포감을 느끼고 있었다. 전쟁의 공포는 병영에서 아주 무서운 적이다. 안정을 시켜 주어야 한다. 상황을 해제하고 차후 지시가 있을 때까지 평상시 행동대로 하라고 해도 철모를 벗지 않는다. 행동이 일사불란하고 옹기종기 모여 다닌다. 말이 없고 긴장하고 있다. 중대장들과 참모들을 불렀다. 상황 조치할 인원들 남기고 참모들 몇몇 데리고 비무장에 활주로를 한가로이 산책을 한 바퀴 하였다. 그제야 병사들이 조금 안도하는 것 같았다.

최전방인 지라 내가 할 일은 작전태세 확립이 최우선이다. 그리고 안전비행과 부대 단결이었다. 이를 위해서 시스템을 잘 가동시켰다. 그리고 지역주민과 대군 신뢰도를 증진하는 일도 중요했다. 부대 인근 마을과 자매결연을 하고 할 수 있는 봉사활동을 하였다. 항공기 소음으로 인한 민원 예방에 많은 도움이 되었다. 그리고 교육 환경이 열악한 학생을 돕기에 나섰다. 금촌 읍장님과 금촌초등학교 학교장님 주민자치위원회와 회의를 하였다. 교육 환경이 열악한 학생들을 위해서 기여하는 방법을 찾아보기로 하였다. 읍장님은 회의실을 주말에 개방하기로 했다. 주민자치위원회에서는 저소득층 자녀들 위주로 학생들을 선발하도록 하였다.

그리고 나는 미국 유학 경력이 있는 장병이나 우수대학 출신 장병들과 장교들을 선발하여 영어와 수학 과목을 지도해주는 주말학교를 운영하였다. 부대 운영에 지장이 없는 범위이다. 겉보기가 아닌 내실 있는 교육을 하도록 교재를 선정하고 주간 단위 강의 계획표를 짜고 학생들 수준에 잘 맞추도록 하였다.

그리고 강의 지원 장병들에게는 인성교육과 대민지원 지침을 명확하게 교육시켰다. 잘하려다 불미스러운 일이 생기면 아니하니만 못하기 때문에 엄정한 군 기강을 교육 후 강의에 투입하였다. 이것이 잘 되니까. 금촌 초등학교 교장 선생님께서 고마움을 표시하셨고 금촌동 동장님은 파주시장님께 지역의 민군

협력 모범사례로 보고를 하였고 이인재 파주시장님은 경기도 기관장 간담회 때 경기도지사님께 보고가 되었다.

김문수 경기도 지사님은 용인 3군 사령관께 상록수항공대 항공대장의 선행을 어필하는 계기가 생긴다. 조그만 일로 민군 협력 유공이라는 타이틀로 도지사님 표창까지 받았다. 물론 나는 강의 지도하는 장병들에게 포상하였다.

이런저런 일로 선행도 베풀고 하여 상급부대에서는 모범장병 포상으로 제주도 여행을 시켜 주는 포상 대상자로 선정되어 제주도 여행도 하였다. 전군에서 장기근속자 중 모범적으로 근무한 장병에 대한 위로 차원의 복지의 일환이다. 군수사령부 예하 부대에 근무하던 내 친구 박세기 중령도 이때 모범 장병에 선발되어 부부동반 제주도 여행을 같이하게 되어 기쁨이 두 배나 되었다. 상록수항공대에서 항공대장으로 근무하면서 전군 항공안전 최우수부대 타이틀도 땄다. 1만 7천 시간 무사고 비행 전통 계승과 개인 비행 2천 시간 무사고 비행기록을 동시에 수립하는 쾌거를 이루었다.

군인으로서 국방을 위한 전쟁 준비와 대비에 최선을 다했고 철저한 교육 훈련으로 전투력이 왕성한 부대를 육성했고 안전관리 잘하여 무사고 부대 전통 계승시켰고 우리 전우들 부하이기 이전에 인간적으로 신뢰하고 따라주어서 대단히 감사하다는 말씀을 이 지면을 통해 드린다.

'대민 지원과 봉사활동도 보람 있었다. 전방 접경 지역 국민은 안보의식이 매우 투철하다. 여기 금촌지역은 대표적으로 안보의식이 투철하고 군인들을 잘 대우해 주는 곳이다. 금촌동 주민자치위원회와 자매결연을 하여 민군이 화합하고 상생하는 모습을 실천했다. 대한민국 최북단 파주시 금촌동과 대한민국 최 남쪽 제주도의 남원읍 사이에 또 지역적인 끝끝동맹의 자매결연을 하고 1년 1회 교환 방문을 하면서 우정을 이어 가고 있다.'

겸사돈이던가? 금촌 주민자치회가 제주도 남원 방문 때 휴가를 내어서 같이 제주도까지 날아가서 우정을 돈독히 한 추억이 있다. 좋은 인연에 감사한다. 그리고 민족통일 호국문예 대제전에 시를 출품하여 입상도 하였다. 애환과 희로애락을 가슴 가득히 품고 파주를 떠날 때 기분을 감당하기 힘들어 또 노래했다.

『내가 떠나오던 날은……

내가 떠나오던 날은 주적주적 비가 내리고
가슴이 뭉클하도록 눈물이 났다』

제19797호

군관협력사업 유공 표창

11항공단

중령 홍 성 복

지역사회 발전과 대한민국의 미래를 여는 경기도 건설에 적극 참여하였을 뿐만 아니라 특히 군관협력사업의 성공적 추진으로 주민들의 복리증진에 기여한 공이 크므로 이에 표창합니다.

2012년 12월 14일

경기도지사 김

군관협력사업 유공으로 김문수 경기도지사로부터 표창을 받았다.

육군항공사격대회 시상식 – 육군 참모총장으로 부터 항공기사격대회 우수부대 표창장을 받고 있다.

개인 2,000시간 무사고 비행, 부대 17,000시간 무사고 비행 기념행사

상록수항공대장

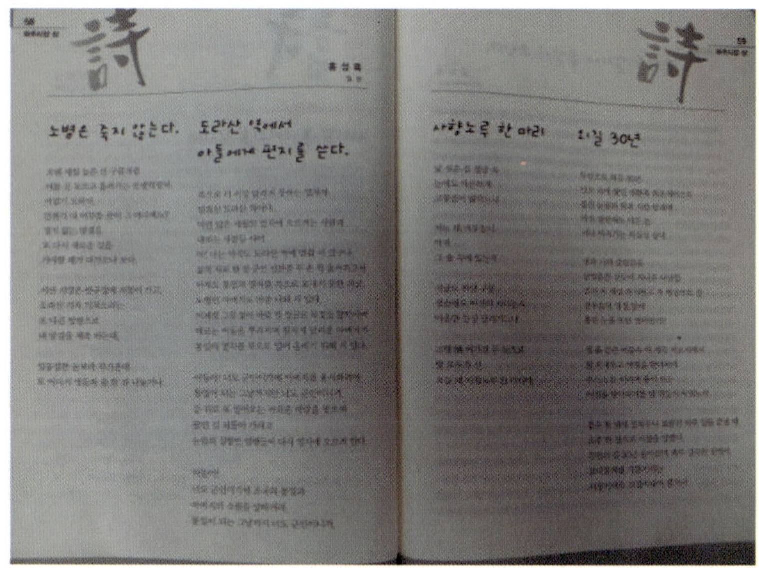

詩

노병은 죽지 않는다.

도라산 역에서 아들에게 편지를 쓴다.

詩

사향노루 한 마리

외길 30년

민족통일 문예 백일장에 시한수를 출품했다.

항공대장 이임식 금촌 주민자치위원들과

국기 게양식을 주관하는 항공대장

가족

_2012년 겨울

이 시기에 전방 상황이 일촉즉발의 전운이 감도는 매우 긴장된 시기라, 실전 같은 주야간 비행훈련과 위력 시위 비행한다고 매일 밤 야간비행을 진두지휘하고 있었다.

이때, 부대 병사들이 관심사병이 많았다. 몇십 명 안 되는 병사 중에 지속해서 심각하게 상태가 좋지 않은 병사들이 우리 부대로 전입을 왔다. 장교들도 관심 장교들은 우리 부대로 보내졌다. 대대장보다 선임인 소령 장교들이 있으면 대대장이 부대 지휘를 하는데 부담이 된다. 그중에서 지휘 부담을 많이 주는 인원들은 특별히 우리 부대로 보낸다. 지리적으로 최전방이기도 하지만 최고참 대대장이며 성격이 강성인 내 휘하에서 인성을 연마하고 인내력을 길러서 바람직한 장교 모습을 회복하여 참신한 사회 역군으로 거듭 태어나게 하라는 여단장님의 고매한

의도가 있었던 것이다.

우리 항공 여단 내에서 이런 말이 유행했다. 군 기강을 흐리게 하는 선임 영관 장교들 있으면 파주 홍 대장님 밑으로 가서 근무할래? 전역할래? 아니면 납작 엎드려 쥐 죽은 듯이 있는 듯 없는 듯 근무 잘할래? 이런 여담도 있고 실제 사례도 있고 여단 내 장교 군기 반장 역할까지 다 했다. 관심사병 때문에 군사령부 병영 생활 전문 상담관을 자주 초빙을 하여 사살 사고 예방을 위한 상담 활동과 임상 치료를 병행하였다.

이때 아내도 우울증 증세로 상태가 좋지 않아서 상담을 부탁했는데 심각한 상태이었다. 벌써 6개월간 우울증이 진행되었고 내가 출근한 후부터 퇴근할 때까지 침침한 관사의 거실에 불도 안 켜고 혼자 눈물로 세월을 보낸 것이다. 군인한테 시집와서 천 리 먼길 머나먼 길을 남편 직장 따라 아이들 업고 손잡고 천지사방 30번 이사 다니며 아이들 반듯이 잘 키워놓고 비행기 타고 나라 지키는 남편 내조하며 열심히 살았다.

아들은 군대에 가 있고 딸은 대구에서 대학 4학년이라 학교 기숙사 생활을 하고 힘들고 외롭고 울고 싶을 때 곁에는 아무도 없었다. 이런 우울한 나날을 6개월이나 보낸 것 같았다. 나도 무심하고 미련한 곰 같아서 아내의 고충을 헤아리지 못하였다. 인간적인 미안함과 고생시킨 죄책감과 아이들 반듯이 키워준 고마움, 알뜰하게 잘 살아준 고마움, 부모님 잘 모신 고마움, 남편 내조를 누구보다도 잘해 줘 고마웠지만, 정작 아내는 희생만 하고 나는 아내를 위해서 해 준 것이 없었다.

생각하니 너무 미안했다. 아내는 주산이 1단이고 저축하며 살림을 알뜰히 잘한다. 효성이 지극하고 할머님, 부모님을 잘 모셨다. 아이들을 반듯하게 잘 키웠다. 내가 호기를 부려도 가정의 중심을 잘 잡고 경우가 밝았다. 배구, 축구를 잘하고 테니스 골프를 잘 쳤다. 아래 윗사람 동료로부터 깊은 신뢰를 받았다. 전역하는 1호 차 운전병들에게 꼭 선물을 들려 보냈다.

아내는 대학에서 사회복지학을 전공했다. 부처님을 믿고 이사 가는 곳마다 법당 관음 회장과 큰 절에서는 총무나 재무를 맡았다. 이목구비는 오행이 반반하고 균형 잡힌 몸매에 키도 좀 큰 편이다. 탤런트 공효진을 닮았다는 이야기를 많이 듣는다.

당장 전문의를 찾아 상담했다. 약물치료를 권했다. 막상 아내는 약 복용을 거부한다. 우울증 약에 대한 거부감 때문이다. 먹으라고 강요하면 먹는다고 해놓고 안 먹고 버린다. 우울증 치료 방법 중에 햇볕에 산책하는 처방도 있었다. 햇살 고운 날 비타민D를 체내에 축적하는 것이다. 집안에 불 밝히고 어두운 처마를 뜯어내어 채광을 좋게 하고 비타민 D 흡수를 최대한 많이 하기로 했다.

일과 이후 야간비행 시작 전까지 세 시간 정도의 여유가 있었다. 낮 업무 마침과 동시에 아내 손 잡고 관사 뒤 학령산 산책을 했다. 통일로와 금촌 읍내를 굽어보면 경치가 좋은 곳이다. 파주 시민들의 힐링 공간이다. 학령산에서 파주 공설운동장으로 손잡고 산책하고 돌아오면 한 시간 정도 소요되고 밥맛도 좋아진다.

결혼하고 28년 가까이 살면서 이렇게 다정하게 몇 달을 손 잡고 다녀보기는 처음이다. 가족도 건강해지고 생기를 좀 찾아가는 듯이 보였다. 이것이 생활습관이 되어 산책을 안 하면 이상했다. 1년 후 병원에 가 우울증 진단검사를 했다.

완전하게 나았다는 진단이다.

"약은 잘 먹었습니까?"

"아닙니다."

"그러면 무엇을 했습니까?"

"1년 동안 남편과 손잡고 매일 1시간씩 산책한 것이 전부입니다."

의사 선생님께서 '교과서적으로 치유를 잘하셨군요. 사람들 대부분이 그렇게 못하니까 약물치료를 하라는 것입니다. 비타민 D 섭취 치료는 오로지 배우자만이 효과를 발휘할 수 있답니다. 자식들도 안되고 부모 형제도 안 되고 친구도 안 되고 배우자만 할 수 있답니다.'

의사 선생님께 칭찬받았다. 물리적으로 완전한 치료를 하였고 10년 넘은 지금도 이상 없다. 가끔 아내 성질나게 하다가 혼나기는 한다.

오갈 데 없던 돌돌이가 우리 집에 와서 많은 기쁨을 주었다.

노병은 죽지 않는다! 다만 사라질 뿐이다!

_2013년 4월~2014년 2월 28일

최전방 최고참 항공대장 보직을 영광스럽게 무사히 마치고 육십항공단 부단장으로 왔다. 군 생활 마무리 잘하라는 배려이다. UH-60 블랙호크 부대이다. 전군 고위 장군들 지휘기를 운용하는 임무를 주로 수행한다. 블랙호크 기종 교육도 이때 받았다.

30년 동안 군인으로 조종사로 살아오면서 특별한 직업으로 인한 특별한 대우를 받고 파일럿으로 인생의 멋을 마음껏 즐겼다. 고정익 94기로 육군항공학교에 입학하여 O-1A 정찰 비행기 모델명 L-19 경비행기를 조종하였다. 그리고 회전익 전환반 70기로 육군항공학교에 입학하여 헬리콥터 조종사 교육을 받았다. 이때 탄 헬리콥터는 OH-23GT 정찰 헬리콥터, UH-1H 경강습용 헬리콥터 별명은 휴이 헬리콥터이다. 그리고 500MD 경공격용 헬리콥터 별명은 블랙 카이트이다.

500MD는 내가 초창기에 탄 주력 헬리콥터이며 시험비행 조종사이기도 하다. 이 헬리콥터를 타고 전방사단에서 사단장 지휘 임무를 다녔고, 2작전사에서 헬기장 전산화 작업을 한다고 1년 동안 자가용처럼 한강 이남을 돌아다니며 헬리패드장을 점검하였다. 해안선 3면과 내륙 요충지 주요 지형을 1년 동안 직접 정찰한 조종사는 전무후무하다.

육군대학을 졸업하고 배치받은 부대가 AH-1S, AH-1J 중무장 공격용 헬리콥터 부대 중대장으로 발령을 받아서 여기서 코브라 헬리콥터를 조종하면서 엄청난 양의 폭격을 하였다. 그리고 코브라 항공부대에서 정작 과장과 항공대대장까지 하며 명실상부한 코브라 공격헬기 운용의 전설이 되었다. 육십항공단에서 UH-60 일명 블랙호크 중 강습 헬기를 조종하였다. 블랙호크는 4성 장군들 지휘 통제 비행으로 운용한다. 이렇게 6개 기종의 항공기를 조종하였다.

군 장비 현대화 계획의 일환으로 KUH 수리온 항공기를 우리 부대가 야전군 최초로 도입을 해야 했다. 육군항공학교에서 교관 조종사 양성을 위해서 먼저 몇 대를 도입했고 야전 부대에서는 최초로 생산 공장에서 생산한 헬리콥터를 출고검사와 시험비행을 하여 야전으로 도입하는 것이다. 예산만 해도 대당 250억을 한다면 10대를 도입하려면 2,500억 원이다. 항공기 생산은 KAI, 즉 한국항공에서 생산한 국산 헬리콥터이다.

세계적으로 11번째 헬리콥터를 생산하게 된 것이다. 헬리콥터 생산과 출고는 상당히 의미가 있다. 해외 수출과 국내 활용으로 두 마리의 토끼를 잡는 산업계의 효자손이다. 나는 한국항공(KAI)에서 생산한 KUH 수리온 헬리콥터를 군으로 도입하는 총책임자로서 KAI로 파견을 나갔다. 한 대 출고검사와 시험비행을 하는데 약 한 달이 걸린다. 10대를 사 오는데 약 10 개월이 걸렸다.

수리온 헬리콥터를 군으로 도입하는 2,500억 원 프로젝트를 마무리하고 2014년 2월 28일부로 32년의 군 생활을 마무리하고 "노병은 죽지 않는다! 다만 사라질 뿐이다!" 이 한마디 남기고 전역과 동시에 전남과학대학교 교수로 부임한다.

KUH 수리온 헬리콥터

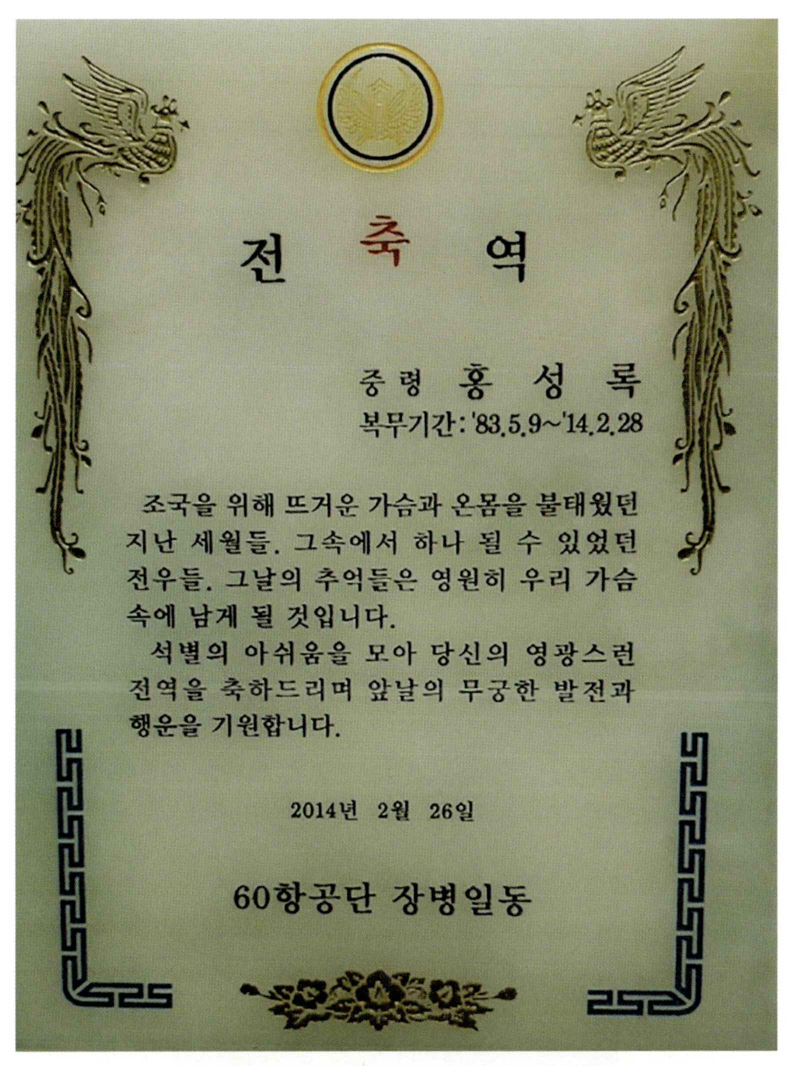

전 축 역

중령 홍 성 록
복무기간 : '83.5.9~'14.2.28

조국을 위해 뜨거운 가슴과 온몸을 불태웠던 지난 세월들. 그속에서 하나 될 수 있었던 전우들. 그날의 추억들은 영원히 우리 가슴 속에 남게 될 것입니다.

석별의 아쉬움을 모아 당신의 영광스런 전역을 축하드리며 앞날의 무궁한 발전과 행운을 기원합니다.

2014년 2월 26일

60항공단 장병일동

2013년도 수리온 헬리콥터를 KIA로부터 도입하는 업무를 1년 동안 수행하고 전역.

사천 KAI에 파견근무 시절 주말에 지리산을 올랐다.

보국포장 제 16434 호

포 장 증

육군항공작전사령부

육군중령 홍성록

귀하는 국가안전보장에 크게 이바지하였으므로 대한민국 헌법에 따라 다음 포장을 수여합니다.

보국포장

2014년 6월 30일

대통령 박근혜

이 증을 보국포장부에 기재합니다.

안전행정부장관 강병규

현역시절 귀한 흔적, 전역 이후에 받았다

전설의 조종사

나는 항공대대장과 항공대장, 항공 지휘관을 두 번 역임한 조종사이다.

항공대장 재임 시 유일하게 고정익 비행기와 헬리콥터 5개 기종을 조종하는 조종사로서 여러 가지 특별한 이력을 가지고 있다.

헬리콥터 시험비행 조종사.

국토부 사업용 헬리콥터 조종사 면허 보유.

개인 통산 30년 동안 2,000시간 무사고 비행기록 달성.

6만 7천 시간 무사고 부대 비행기록 달성.

전군 전술훈련 최우수 항공대대장.

전군 항공안전 최우수 항공대장.

창군 이래 최초로 연대급 야간 공중강습 작전을 선도한 항공대대장.

대통령님이 임석상관인 국군의 날 행사 때 공중 편대비행을 지휘한 항공대대장.

동해안 최북단 통일전망대에서 강화도 고래산까지 휴전선 155마일을 횡단하며 감시 비행한 조종사.

수도권 P-73 시계비행 루트를 완주한 조종사.

동해안 남해안 서해안을 완벽하게 일주한 조종사.

동해 건봉산에서부터 강화도 고래산까지

죽령, 이화령, 추풍령, 덕유산, 팔공산, 지리산, 무등산, 유달산, 계룡산, 해안선과 내륙 요충지를 종횡무진 비행한 조종사.

창군 이후 최초로 한강 이남 주요 헬리패드장을 전산화하여 데이터베이스를 완성한 조종사. 이렇게 전 국토와 3면 해안선을 완벽하게 내가 정한 목적지대로 종횡무진 입체적으로 비행한 조종사는 별로 없었다.

김정호 선생이 대동여지도를 만들 때 백두산을 12번 올랐다는 기록이 있다고 한다. 나도 그 정도로 헬리패드장 데이터베이스를 완성하기 위해서 코피 터지게 비행하였다. 사람들은 이러한 나의 경력을 보고 살아있는 조종사의 전설이라고 했다.

제2막 제1장

전남과학대학교 초빙교수로 부임

_2014년 3월

32년간 청춘을 다 바쳐 군인으로 장교로 조종사로 인생 제1막을 마무리하였다.

제2막 준비를 위해서 이력서를 여러 장 쓰는 것이 보통의 상식인데 이력서 1장으로 교수로 선발되었으니까 상당히 행운아라고 해야 할 것이다. 전남과학대학교에서 헬리콥터 정비과가 신설되어 학식과 자격과 경험 있는 교수가 필요했던 것이었다. 군에서 더 이상 상위계급으로 진급을 못 한 아쉬움이 응어리져 있었는데 그 보상을 다 받은 기분이었다. 실질적으로 그만한 대우를 받은 것도 사실이다. 학교생활은 생소한 점도 있었지만 재미있게 적응을 했다. 부임 보름 전 어머님께서 83세의 아직 젊은 연세로 갑자기 돌아가셨다. 날씨가 좀 추웠는데 심장 마비로 졸지에 돌아가셨다.

내가 전역하고 교수가 되어 두 번 출세하였으니까. 그 주 주말에 우리 형제 5남매가 대구에서 어머니 모시고 식사하기로 약속이 되어있었다. 아들이 항공대대장 마치고 교수가 된 자랑스러운 자리 구경도 못 하고 식사할 날을 기다리시다가 돌아가셨다. 맘 편하게 오래 모시지 못한 불효자는 울 수밖에 없었다. 천성이 선하셔서 남들과 언성 한번 높인 적이 없고 자식들에게 평생 농담으로라도 욕한 번 입에 담지 않으셨다. 당신 부모님께는 효도를 다 하셨고 자식들은 사랑과 정성으로 길러 주셨다.

광주 시내에 전세방을 구하여 살았다. 대학 졸업 후 직장을 다니던 막내딸이 공무원 시험을 준비한다고 1년을 학원에 다니면서 같이 살았다. 머나먼 객지에서 외로움을 많이 느끼고 살았는데 딸이 집에 와서 오랜만에 한집에서 오순도순 지내게 되었다. 아들은 군인이라 전방에서 나라 지키고 우리는 후방에서 잘 지내면서 이 해에 아들 결혼을 시켰다.

여기 오기 전에 논산에 살 때 가족이 한 달가량 입원했었다. 논산의 병원에서 의사의 지독한 몸살감기라는 오진으로 일주일을 생고생하다가, 건양대병원으로 옮겨 면역성이 줄어든 감염병이라는 진단을 받았다. 몸은 쇠약해졌고 의지는 약해진다. 2주간 입원 치료를 하는 동안 몸이 자주 아프니까 언제 죽을지도 모른다는 생각에 아이들 결혼은 가능하면 일찍 시키자고 의견을 모았다.

2014년도에 아들 결혼을 시켰다. 광주에 온 지 1년이 지났는데 전셋집에 문제가 생겼다. 집주인이 집이 팔렸으니까 집을 비워 달란다. 황당하기 그지없다. 이때 전국적으로 집값은 상승하기 시작할 때이다. 난 어디를 가도 적응을 잘하지만, 가족은 적응을 잘못하였다. 건강이 불편한 100세를 바라보는 장모님 생각도 많이 하는 것이다.

이래저래 대구로 이사하기로 하고 대구에 집을 구하려고 하니까 돈도 돈이지만 매물이 없었다.

한 가지, 집값이 비싸면 비싼 대로 제 가격 주고 사야 한다는 것이다. 광주에 간 지 1년 반 만에 대구로 전세를 얻어 이사하고, 난 원룸에 살았다. 주말부부를 1년을 하니까 장거리 이동에 따른 교통위험, 교통비와 두 집 살림살이하는 경비 빼고 나면 경제적으로 남는 것이 없었다. 2년 반 만에 교수를 그만두고 대구로 철수하였다.

광주는 살만했다. 첫째, 교수라는 직업이 좋았다. 가르치는 것이 보람되었다. 한평생 교수로 살아오신 박계향 학과장님의 인간적인 교수다운 솔선수범 하는 자세가 본받고 싶었다.

박계향 학과장님께서 헬기정비과를 만들고 홍성록 교수가 육군본부의 추천을 받아서 항공기의 모든 것을 전수하기 시작하였다. 초기 창설 학과라서 2학년이 없고 1학년 입학생부터 끌고 간다. 항공기에 관한 대부분의 강의를 내가 전담하였다. 2학년이 없으니까 가능했다. 초등학교 담임선생님 같았다. 거의 모든 항공 관련 과목을 매 학기 과목 연구를 하면서 진행하였다.

첫 학기에는 항공우주학 개론, 항공기체, 헬기역학, 등을 강의했고, 2학기에는 항공법규, 리더십, 헬기 실습 등을 하였다. 다음 해에는 항공전문가 혼자서 감당할 수가 없어서 육군항공학교 교관으로 근무했던 이덕배 교관을 초빙하여 외래교수로 항공기 강의를 같이하였다. 잘 적응하려니 했는데 군인이 아닌 자유분방한 학생들을 대상으로 강의하는 것이 적응이 안 되었는지 한 학기를 하고 그만두었다.

2학년들은 엔진 분야와 전기 전자분야도 과목에 편성해야 한다. 나 혼자서는 감당할 수가 없는 현실이다. 학과장님께 건의하여 외래 교수 한 분을 초빙하기로 하였다. 마침 정비창에서 임기를 마치는 나필선 선배가 외래 교수를 희망하여 학과장님께 추천하여 초빙하였다. 이분은 군에서 나보다 3년 선배이다. 3정비창에서 근무를 하고 퇴직할 때 우리 학교에 근무하기를 희망했다.

나필선 교수님께는 항공기 엔진과 전기 전자분야를 강의하도록 하였다.

내가 초빙교수를 그만두고 그 공석에 나 교수님이 초빙교수가 되었다. 이때 학생들 강의를 위해서 나는 방학 두 달 동안 다음 학기에 사용할 교재 세 가지 종류 6권을 집필했다. 경헬리콥터기체, 중헬리콥터 기체, 경헬리콥터 엔진, 중헬리콥터 엔진, 항공기 정비관리, 항공안전 등의 교재를 만들었다. 참 열심히 했다. 내가 마음껏 강의에 전념하도록 박계향 학과장님의 배려와 나에게 보내주는 신뢰와 믿음이 있었다.

이 시기에 지방 대학교는 학생 모집에 혈안이 되어있었다. 그러나 헬기정비과는 지원자가 많아서 불합격자도 다수가 발생하였다. 행복한 비명이었다.

전남과학대학교 헬기정비과는 육군과 제휴 협약된 학교로서 우리 학교를 졸업하고 육군 항공헬기 정비기술부사관으로 지원할 때 가산점을 받을 수 있는 학교였다. 가산점에는 협약학교 가산점도 있고 자격증 가산점도 있다. 자격증은 항공기 정비 기능사 자격증과 산업기사 자격증 항공기 정비사 자격증이 가산점을 받을 수 있다.

현실적으로 우리 학교는 실습여건이 마련되어있지 않아서 자격증 취득을 위한 실습은 불가능했다. 학생들이 가산점을 받고 군을 지원할 수 있는 협약이 된 학교에서 기능 자격증을 못 따서 혜택을 누리지 못한다면 너무 안타깝고 학생들에게 교수의 양심으로 학생들을 대할 면목이 없었다. 그렇다고 내 능력으로 시설과 장비 실습 교수를 확보할 입장도 못되었다. 고민을 많이 하였다. 내가 학생들을 위해서 할 수 있는 일이 무엇인가? 길을 찾아보자.

우선 아쉬운 대로 항공기 관련 기능사라도 취득해서 군 부사관 지원 시 가산점을 하나라도 받을 방법을 강구하였다. 내가 가리키는 강의 과목과 연계해서 기능사 시험 필기시험에 최대한 많은 인원이 응시하도록 하였다. 1학년 2학기 때 일부 인원이 필기시험에 합격하였다. 이 인원을 대상으로 실기시험을 연습할 방법을 찾았다.

서울에 수소문하여 한국항공 직업전문학교에 협조하여 실기특강을 청강하도록 협조하였다. 필기시험에 합격한 학생들과 함께 나도 직접 실기특강을 받았다. 그리고 일부 학생들이 기능사 실기시험에 합격하였다. 감개무량했다. 열악한 여건에서 서울까지 가서 실기지도를 받고 이렇게 열정적으로 따라준 학생들이 고맙고 미흡한 교육여건에 대해서는 미안했다.

이 학생들은 부사관 학군단 시험에도 합격하였다. 부사관 학군단 군장학생 선발 시험에서는 예비 인원까지 선발하고 면접에서 다수 인원이 탈락한다. 나는 심층 면접과 예행연습과 철저한 준비로 100% 전원 합격을 시켰다. 다른 학교들과는 비교되는 실적이었다. 사실 난 육군항공학교에서 조종 장교 선발 시험과 조종 준사관 선발 시험 면접 심사위원으로 많이 참석한 경험이 있다.

그다음 신입생은 좀 더 기능사 시험 준비에 박차를 가하였다. 필기시험만 합격하면 실기지도는 공식적으로 총장님께 보고 드리고 오이석 교수가 근무하고 있는 인하항공 직업전문학교에 협조하여 기능사 시험 특강을 받을 수 있도록 협조를 하였다. 실제로 눈물겨운 발버둥이다. 실습여건이 되지 않는 현실이 학생들에게 가장 미안하고 안타까웠다.

SBS 모닝와이드에서 전국의 특성화 대학교를 소개하는 프로그램이 있었다. 우리 학교에도 종일 촬영을 하였다. 내 강의시간에는 촬영 계획이 없었다.

다른 과에서 영상 촬영한다고 인터뷰 준비하고 부산했다. 난 평소와 다름없이 강의에 임하고 있는데 촬영 팀들이 지나가다가 내 수업 장면을 촬영 좀 하자는 것이다. 그렇게 하시라 하고 시나리오 없이 라이브로 찍어 갔는데 막상 방송에 나온 것을 보니까 우리 학교 총장님하고 내가 수업하는 모습이 메인으로 나왔다. 전국으로 방송되는 프로그램에 내가 나왔다. 다시 보는 방법은 SNS에서 전남과학대학교 홈페이지에 들어가서 동영상 보기에서 SBS 모닝와이드 특성화대학교 소개 프로그램에서 다시 볼 수가 있다.

내가 광주에서 교수로 근무한다는 소문이 동기생들에게 났다. 학교에 놀러 와서 객지에 있는 나를 위로해 주기도 하였다. 이 시절에 상무대에 군 동기생들이 각 병과의 주요 원로 장교로 근무하고 있었다. 보병 홍성구 대령, 기갑 정종관 대령, 공병 유성재 대령, 이원재 공병학교 교수, 강한길 대령, 31사단 부사단장 이현식 대령, 전남대 학군단장 정우열 대령 등 실로 막강한 인맥들이 광주지역에서 근무하였다.

월 1회 동기생들과 가족동반 식사를 하면서 화기애애한 동기애를 과시하였다. 우리 집이 전남대 근처 용봉동에 살았기 때문에 전남대 학군단장 정우열 대령과는 자주 접할 기회가 있었다. 아주 인품이 훌륭하고 점잖으며 실력이 우수한 친구이다. 가족과도 자주 식사하고 차담 나누고 오고 가는 정을 나누며 좋은 시간을 보냈다. 나이가 들수록 동기생만큼 좋은 친구도 없다. 광주에 오래 터전을 잡고 지역사회 유지가 되어있는 동기생들도 참 정감 있고 좋았다.

30년째 광주에서 사업을 하면서 동기생 단결의 중추적 역할을 하는 김상일 사장, 천상석 사장, 상일 이와 상석이 친구랑 꿀벌을 채집하여 봉침을 맞으며 오순도순 봉침지교를 맺고 보낸 시간도 참 정감 있는 시간이었다. 골프 좋아하는 박종천 친구, 지역 예비군 중대장 하는 많은 친구, 하나 같이 인정 많고 좋은 친구들이다. 이곳 우리 동기들은 분기 1회 1박 2일로 동기회를 한다. 참 잘한다. 저녁에 모여 밥만 먹고 헤어지면 너무 아쉽다.

이 모임은 1년에 두 번은 남자만 모이고 두 번은 가족동반을 한다. 남자들만 모이면 그대로 좋고 동부인을 하면 또 그대로 좋다. 친구들 덕분에 광주 전남지역 명소 대부분을 많이도 구경 잘했다. 매 분기 각기 다른 명소에 숙소를 정하고 맛집에서 특산물 먹고 족구도 하고, 축구도 하고 산업체 견학도 하고 관광지 관광도 하고 다양한 레퍼토리로 알차게 보내면서 우정을 나누었다.

교수를 그만두고 대구로 올 때, 내 친구 김상일 친구와 청산도로 고별 여행을 떠났다. 내가 떠난다고 내가 못 가본 곳 구경시켜준다고 청산도로 여행을 하였다. 그 여행의 의미와 우정이 눈물겹도록 고맙다. 가족과 같이 탁구도 이때 배웠다. 가족은 파주에서 탁구에 대한 기본기를 조금 배운 상태였고 나는 동네 탁구 겨우 치는 수준이었다. 한창 재미있게 칠 때 가족은 대구로 먼저 이사를 하고 나 혼자 광주에 남아서 우리 부부가 잠시 이산가족이 되었다.

육군항공학교에서 종합현장실습을 하는 헬기정비과 학생들

전남과학대학교 교수 시절

김상일 친구와 청산도로 고별 여행

제2막 제2장

재향군인회 사무국장

_2016년 8월

교수를 그만두고 대구시 달서구 재향군인회 사무국장으로 취직을 하였다. 맨땅에 헤딩한다는 말이 이런 경우인가 보다. 말로만 듣던 사무국장, 실제로 사회에 나와서 그저 군대 생활하면서 보직 이동한 것처럼 교수 생활을 하다가 실질적으로 사회 현실과 부딪친 첫 경험이다. 많은 것을 경험했다. 케케묵은 좋지 않은 군대 문화도 있고 사회가 이렇구나 하고 하나씩 학습해 나가는 과정이라고 해야 할 것이다. 그러니까 사회 초년생 냄새가 폴폴 났다. 관공서에나 어떤 뚜렷한 업무는 칼같이 똑바로 잘한다. 그러나 '사회생활이란 것이 업무 잘한다고 생활 잘하는 것은 아니다.'라는 사실을 한참 후에 또 한 박자 늦게 깨달았다. 즐겁게 남는 것은 재향군인회 합창단에서 노래한 것이 제대로 기억에 남고 양분 있는 추억이다. 여기 향군 합창단 태동이 좀 웃긴다. 재향군인회에는 의식행사가 가끔 있는데 이때 재향군인의 노래를 불러야 하는데 노래를 부를 줄 아는 사람이 몇 명 없었다. 고심 끝에 김창섭 대구시 재향군인회 회장님께서 합창단을 창설하셨다. 막상 합창단을 창설하고 나니까

향군 여성회에서 향군 활동보다 합창단 활동에 더 정열을 쏟아붓는다. 합창단 입장에서 보면 상당히 고무적이다. 그런데 재향군인회 멤버가 남자들이 주력인데 향군의 날 노래할 줄 아는 남자 회원이 없었다. 그래서 각 구 회에서 '남자 합창단원 모집을 강구하라.'라는 지시다. 남자들이 직장 다녀야지 노래할 시간 있는 사람이 과연 몇 명이나 될까? 궁여지책으로 각 구 사무국장들은 강제로 합창단 연습을 하라는 것이다.

난 물고기가 물을 만난 격이다 그렇게 노래하고 싶었는데 1주일에 합창 연습하는 날이 가장 즐겁고 행복했다. 인생에서 이보다 즐거운 시간은 없었다. 합창으로 큰 무대 공연에 올랐다. 2016년 10월 대구 오페라 하우스에서 76인조 군악대 밴드에 맞추어 열창했다. 낙동강 지구 전승기념공연 오프닝 무대에 대구시 재향군인회 합창단이 스타트를 열었다. 이때 부른 노래가 그 유명한 베르디의 아이다 중 '개선행진곡'이다.

이 곡은 1869년 이집트의 왕 이스마일 파샤가 수에즈운하의 개통을 계기로 세워진 '카이로 오페라 하우스'의 개관을 경축하기 위해 만든 작품이다. 정말로 웅장하고 좋은 노래였다. 이후에도 기회 있을 때마다 이 노래를 불렀는데 동화사 불교합창단

'부르나 합창단'에서 노래했고, 서울 강서구 솔트누리 합창단에서 강서구 합창 페스티벌에 2년간 참가했다.

대구 달서구 재향군인회에서는 합창단 활동으로 힐링을 했고, 이때는 각종 산악회가 붐을 일으켰는데, 한 달에 3개 정도 산행을 했다. 의령 향우들의 모임인 자굴산 산악회 총무를 하였고, 국회의원 조원진 의원 후원회 멤버들이 주축인 열정 산악회에도 열정적으로 참가를 하였다. 그리고 지인들 따라 몇몇 산악회에 따라다녔다. 사람 사는 문화라는 것이 특별한 것보다 평범한 것이 좋을 때가 많다. 우리 사회에서 살아가려면 학연 지연 혈연은 중요하다. 관공서와 여러 사회단체와 유기적으로 협조하여 향군 조직을 발전시키려고 보니까 학연이라도 있으면 참 쉽겠다는 생각이 들었다. 사무국장이라는 이 직책은 고향에 가서 하면 참 재미있고 좋겠다는 생각에 사로잡혔다. 이때 경남 '창녕 재향군인회'에서 18년 동안 근무한 내 동기생 이선도 국장이 다른 일을 하고 새로 선발한다는 소문이 있어서 노크했는데, 속전속결로 내가 대구 달서구 재향군인회 사무국장을 그만두고 경남 창녕군 재향군인회 사무국장으로 갔다. 여기는 내 지역적인 기반이 내 고향 의령보다 훨씬 큰 곳이다. 의령에는 낙서면밖에 모른다. 초등학교 중학교를 면 단위에서 다녔고 생활권은 창녕에서 하였다. 그리고 고등학교를 이곳에서 다녔고 유도를 이곳에서 하였다. 친구들이 각 요소요소에 박혀 있었다. 친구들과 술 마시기에도 1주일이 바빴다.

선배 후배 동기들 새로운 지인들 정말 많은 사람과 관계하였다. 내가 여기에 온 기대하는 이유는 이러하다. 변호사인 이곳 재향군인회 배종렬 회장이 창녕군 군수 후보로 출마를 했다. 이선도 사무국장이 배종렬 선거 총괄 사무장으로 갔다. 난 재향군인회 사무국장으로서 음으로 돕는다. 한 3년 기반을 잡으면 나도 또 다른 무엇인가는 변화를 줄 수 있을 것이라는 그림을 슬슬 그려 보기도 하였다. 그러나 화무십일홍이라 배종렬 창녕군 군수 후보는 낙마하고 이선도 사무국장은 다른 일을 찾아갔다. 재향군인회 회장으로는 부회장 출신 한 사람이 회장으로 추대된다. 무지개를 잡으려던 홍성록 사무국장은 지역사회의 기득권이 무엇인지를 톡톡히 공부하고 미련 없이 사직하고 쿨하게 보따리를 싸서 집으로 돌아왔다.

무직 6개월은 참 견디기 어려웠다. 첫째 용돈이 부족하다. 둘째 신이 내린 직장이라는 사무국장을 두 곳이나 구름처럼 들락거리더니 결국 2년도 못하고 뛰어나와 버렸다고 가족이 좀처럼 용서하려고 들지 않는다. 한두 달은 출근 복장을 하고 집을 나와서 독서실에서 시간도 보내고 공원에서 시간을 보내기도 했다. 드라마에서나 보던 행동을 내가 지금 하고 있는 것이다. 도리가 없다. 집 안에 틀어박혔다. 여기저기 이력서만 넣고 구직 사이트만 검색하고 가족 눈치만 살피고 있다. 갈 곳도 없고, 오라는 데도 없다. 초라한 모습으로 집에서 6개월을 퍼질러 있었다. 참, 사람 꼴이 말이 아니었다. 사람인 구직 사이트에 이력서를 제출했다.

대구시 오페라하우스에서 재향군인회 합창단 활동, 웅장한 군악대 연주와 함께

트럼프 미 대통령 방한 환영 행사

제2막 제3장

다시 강단으로

_2018년 9월 1일

에어텍항공기술전문학교에서 연락이 왔다. 항공기체 실습과목을 강의하란다. 이론 과목이면 좋겠는데 실습을 하라고 한다. 못한다고 할 여지가 없다. 방학 기간이다. 학생들을 대상으로 특강을 한다. 여기서 청강도 했다. 인하항공직업전문학교에 오이석 교수에게 달려갔다.

실습 요령을 한 번씩 해보고 PPT까지 얻어 왔다. 하다가 모르면 또 전화하고 여러 가지 도움받아가면서 한 학기를 진행한다. 항공기체 실습을 강의하는데 자격증이 없는 것이 양심의 가책이 되어서, 최소한의 교수 양심으로 내가 강의하는 분야와 연관이 많은 '항공기체 정비 기능사' 자격증을 따기도 했다.

날씨는 한겨울 매서운 추위와 중년의 고독, 열악한 의식주, 참 난감하기도 했다. 강의하고 급여를 받으니 보람은 있다. 잘못하디기 다음 학기부디 강의를 못 받으면 6개월 만에 낙향해야 할 처지이다.

우리나라 시간강사들이 대부분 파리 목숨이란 현실을 알면 새삼스러울 것도 놀랄 일도 아니다. 무직으로 반년 고생하고 혈혈단신 서울 와서 고생 고생하고 그 와중에 내년을 기약할 수도 없는 첩첩산중 사면초가에 구슬픈 노랫소리만 들린다.

궁하면 통한다. 난 교수를 계속하고 싶다.

귀인을 만나다

2018년 12월

한 학기가 마무리할 시점, 한 해가 저물어가는 무척이나 쓸쓸하고 시리도록 고독한 날에 귀인이 나타난다.

저물어가는 2018년 한 해의 끝자락에 운명적인 인연으로 나의 신상에 대단한 영향을 줄 수 있고 한 사람의 직업과 의식에 영향을 주는 막강한 능력을 지닌 귀인을 만나게 된다. 이분이 있는 한 난 무엇이든지 할 수 있었다. 그렇다고 내가 능력 밖의 욕심을 내는 것이 아닌 한 만사가 형통된다고 해야 할 것이다. 당당했던 현역 시절의 내 모습을 찾았다. 예전처럼 소신이 생겼다. 태산 같은 믿음이 생겼고 아무것도 두려움이 없었다. 하는 일이 즐겁고 신이 났다.

2019년도 새 학기가 시작되었다. 재임용 같은 것은 하나도 걱정을 안 했다. 당연히 재임용될 것이고, 실제로 당연히 되었고 강의하는 강의 과목도 내 입맛대로 하고 싶은 교과목을 하게 되었다. 항공기 정비 인적요인 강의도 이때부터 하였다. 난 가만히 있는데 대우도 좋았다. 인생의 봄날이 이런 것이구나. 일일시호일이었다. 아무것도 두려움이 없었다. 낮에 열심히 강의하고 저녁에는 헬스장에 나가서 운동하고 생활 리듬도 즐겁고 행복하기만 했다. 연구도 잘 되었고 교수님들과 협조도 잘되었다. 학생들도 잘 따르고 친구들과 모임을 해도 즐겁고 심지어 오락도 잘 되었다. 돈도 명예도 권력도 다 가진 사람의 모습이 나였다.

내가 성실하게 일할 일터가 있으니 좋고, 적당한 돈이 있고 교수의 명예가 있고 외래교수 재임용에 두려움이 없으니 권력이 있는 것 아니겠는가? 이때 한국과학기술대학교 직업훈련교사 집체교육도 수료하였다. 원격수업과 방학 기간에 천안 캠퍼스에서 오프라인 강의를 병행하였다. 어렵지만 다른 사람보다 발빠르게 '항공기 정비관리'와 '항공기운송' 직업훈련교사 자격증을 취득했다. 이것은 직업전문학교에서 교수를 하기 위한 필요 자격증이다. 마음이 즐거우니 몸도 즐겁다. 이때가 최고로 행복한 인생의 봄날이었다.

지난 반년이 인생에서 가장 행복하고 보람되고 여간 고생되는 일들도 봄 눈 녹듯이 사라지고, 내 인생에 진정한 봄날을 보냈다. 한평생 살면서 이렇게 행복한 순간은 처음이었다. 과거에 화려했던 어떤 순간도 이때처럼 행복한 때는 없었다. 객지에 홀로 나와 몸은 힘들고 피곤도 하고 고독하지만 난 모든 일이 보람이고 환희고 즐거움이고 행복이고 자신감이고 소신이고 두려움이 없었다.

이렇게 좋은 시절을 보내고 바쁜 일도 즐겁게 하고 지낼 시점인 여름방학 때 장모님께서 103세의 일기로 생을 마감하셨다. 새벽에 송현동에 있는 요양병원 직원의 연락을 받고 차로 달려가니까 숨은 멈추셨지만, 손에 온기는 남아 있었다. 잠시 후 손이 식기 시작했다. 막냇사위가 임종 아닌 임종을 하고 수습에 들어갔다. 대구 한결병원에서 장례를 치렀다. 또 하나의 인생이 이렇게 마감되는 순간이었다. 이렇게 여름방학 동안 장모님을 보내드리고 가족을 위로하고 일상에서 치열하게 일할 기대로 서울로 향했다.

그런데 얄궂은 운명의 장난인가? 화무십일홍이라 했던가? 2학기 개강과 동시에 나에게 시련이 시작되었다. 귀인께서 약간의 오해를 하고 소통이 소원해져 갔다. 바람처럼 왔다가 구름처럼 흩어졌다. 사람의 마음은 변한다. 느낌 또한 변한다. 사랑도 변한다. 조석으로 변하는 것이 사람의 마음이라지만, 사람의 본질은 변하지 않는 것이라 했는데 아쉽다.

시련이란 것이 별것인가? 마음이 괴로운 것이 시련이지 재미도 없고 의욕도 없다. 서울 생활도 할 만큼 했나? 또 어디론가 떠날 때가 되었나? 여기도 있을 만큼 있었나? 별생각을 다 하면서 처절한 시간을 보냈다. 이렇게 한 학기를 또 마무리할 시기에 학교 재단 이사장님께서 나에게 한 가지 부탁을 하신다. 내년부터 헬리콥터 정비사 과정을 국토부에 인가 승인을 받고 학생을 모집할 계획이다.

앞으로 경쟁력이 있으려면 헬리콥터 과정은 필수 불가결한 선택이다. 헬리콥터 과정을 인가받고 학생을 모집하려면 선행 조건으로 헬리콥터가 있어야 과정 승인이 난다. 그래서 반드시 헬리콥터 1대를 도입해야 한다. 이러한 중차대한 업무를 추진하는 일에 매진한다. 한편으로 '내년도 이 학교에 계속 근무하는 재계약 문제는 귀인이 없어도 걱정을 안 해도 되는구나.'

다행한 일이기도 했다.

헬리콥터를 구매하기란 너무 큰 비용이 든다. 또 다른 방법은 군에서 노후된 장비 현대화할 때 불용 처리하는 장비들이 있다. 이 타이밍을 잘 맞추면 헬리콥터도 불용 처리할 때 교육용으로 도입 신청을 하면 가능할 수도 있다. 이러한 업무를 부탁하였다. "우선 알겠습니다" 답변을 드리고 하나하나 확인해 나갔다. 우선 군에서 불용 처리할 계획이 언제 있는지를 알아야 한다. 그리고 불용 처리할 장비 중에 헬리콥터가 포함되어 있는지도 알아야 한다. 불용 처리할 장비가 있다면 어떤 기종이고 몇 대나 있는지를 알아야 한다.

우리 학교는 보관 여건상 헬리콥터 체적이 적은 500MD 헬리콥터만 보관할 수 있다. 그리고 불용 처리할 시기는 언제 할 것이며 민간에서 군으로 협조를 하려면 어떤 경로로 누구와 협조하는지 여러 가지를 고려하고 확인하고 시기를 놓치지 않고, 적기에 소요 건의를 해야 일단 공문서 접수를 시킬 수가 있다. 군부대 담당자가 우리 학교에 헬리콥터 줄 테니까 언제 소요제기를 하라고 알려 주는 것도 아니라서 이 귀한 장비를 획득하기란 참 어렵다.

강의하면서도 촉각을 육군본부 장비 불용 처리하는 담당 부서로 향해 있었다. 그다음 문제는 제한된 장비를 어떻게 우리 학교로 가져올 것인가 하는 방법의 문제였다. 이것은 담당 실무자가 우리 학교로 배정하도록 하는 사유와 논리를 제공해야 한다는 것이다. 여러 가지 창의와 군 경험을 바탕으로 고민하고 고민하여 자료 보고서를 만들어 놓고 불용장비 처리계획이 발표되면 소요제기를 할 만반의 준비를 해놓고 시기만을 기다렸다. 이렇게 하여 헬리콥터를 도입한 이야기는 다음 장에서 또 하기로 하자.

눈 내린 산사

_2020년 1월

2020년 1월 18일 눈 내린 산사를 찾았다. 다음 학기 교수 재임용도 문제 될 것 없이 계속할 수 있을 것 같아 걱정이 없다. 그런데도 가슴 한쪽은 시리도록 고독해서 찾은 산사의 아침이다. 음력으로는 기해년 12월 24일 관음재일 새벽에 눈보라가 몰아치더니 아침에 차가 다니기 어려울 정도로 눈이 쌓였다. 꼬불꼬불 경산에서 운문사로 넘어가는 고갯길이 눈 속에 위험했다. 중간쯤에서 돌아갈 수도 없다.

진퇴양난이라 그냥 조심해서 넘었다. 운문사에 당도하니까 골짜기라 눈도 더 많이 왔다. 운문사 주차장에 주차를 시키고 둘러보니 예전에 무열사 신도들과 성지순례를 한번 왔던 기억이 난다. 눈 내린 오솔길을 나 홀로 눈길을 한 30분 걸어서 조그만 암자에 도착했다. 사계절이 아름다운 산사, 특히 가을 산이 가장 아름답다고 했다.

아무도 없는 고즈넉한 산사에서 절하기 딱 좋았다. 사시에 스님께서 기도하신다. 백팔 배 만 5회를 했다. 3천 배를 하려니까 허리가 아프다. 다음에 또 하기로 하고 체력이 받쳐 주는 데까지만 하였다. 나머지 3천 배는 부천 석남사에서 마무리하였다.

마음이 헷갈려서 기도하러 산사를 찾았는데 마음은 뭉게구름이고 기도발은 받았는지 참 신기하다. 부처님의 가피인가? 하나를 잃으면 다른 하나를 주는 이치인가? 뒤돌아서 보니까 부처님 가피를 참 많이 입었다.

내가 심혈을 기울여서 하는 일인 헬리콥터를 구해오는 일이 성사되었다. 아들과 사위가 어려운 승진을 했다. 나도 젊은 사람들도 하기 어려운 정비사 면허시험 응시자격 획득을 위해서 야간 기술전문학교에 입학해서 주경야독으로 2년 동안 낮에는 강의하고 밤에는 공부하고 하루 12시간씩 공부를 하였다.

그리고 항공기 정비사 면허시험에 당당히 합격하였다. 항공대대장을 지낸 베테랑 조종사가 항공기 정비사 면허시험에 합격한 1호 조종사가 되었다. 무척 어렵고 힘든 여정이었다. 책을 여러 번 보아도 뒤쪽을 보면 앞쪽의 것을 잊어버린다. 그럴 나이가 된 것이다.

이런저런 어렵고 힘든 과정을 오로지 열정으로 이겨 나갔다. 주변 친구들이 나보고 '인간 승리'라고 한다. 이 나이에 주책스러운 언사가 되기도 하다만, 또 하나의 금자탑을 쌓았다. 사람들은 며느리 보고, 어떤 사람은 사위도 보고 외손자도 보고 좋은 일이 가득한 세상이다. 나도 귀엽고 예쁜 외손녀를 보았다.

모두 좋은 일에 축하를 보냅니다.

스님께서 말씀하신다. 오늘 신도들과 대구 50사단에 장병들 위문 법회를 가는 날인데 시내에 사는 신도들은 부대로 바로 가고 스님은 눈이 와서 절에 고립되어 위문 행사에 합류를 못 하셨단다. 눈 내린 산사에서 스님과 종일 기도를 드렸다. 준비된 찬은 없지만 있는 반찬에 공양까지 챙겨 주셨다. 오랜 신도가 된 느낌이다. 챙겨 주시는 스님의 정성도 참 고맙습니다. 분위기에 맞는 글 한 수를 읊어 보았다.

눈 내린 산사

이른 아침 눈 내린 산사를 찾았다.

한없는 고뇌와 번민을 내려놓으려 고즈넉한 산사 존귀하신 부처님 전에 절합니다.

눈 내린 산사 겨울바람이 아직 찬데 부처님의 대자대비하심을 흠모하며 절합니다.

산 그림자 아직 드리우지 않은 한나절까지 작은 나를 돌아보며 절합니다.

눈 내린 산사

영혼을 울리는 글

소소한 일상 속의 소소한 이야기 2013년도에 처음으로 카카오스토리를 접하였는데 여러 사람과 정서를 공유하고, 친구들이 서로 인사도 하고 안부도 전하고 추억에 남기고 싶은 이야기나 자기의 이야기를 소소하게 기록하고 사진으로 남기고 일기장처럼 적어 보는 것이 참 자연스럽고 좋았다. 몇 년을 작성해 놓으니까 꽤 소중한 추억 장이 되었다.

소소한 이야기와 아름다운 사진이 대부분이었다. 그사이에 친구들이 들어와서 안부를 전하기도 하니까 정감도 있어서 참 좋았다. 2013년부터 2019년까지 추억 메모장으로 작성했던 나의 카카오스토리를 어느 날 실수로 사이트에서 탈퇴를 한 사고를 치고 말았다.

한순간에 8년간 기록해놓은 주옥같은 추억과 소중한 사진과

귀한 기록 자료가 한순간 사라지고 말았다. 복구도 불가능했다. 정말 아쉬웠다.

너무도 순간적으로 일어난 일이라 어찌할 수가 없었다. 다시 계정을 만드는 것이야 얼마든지 할 수 있지만 8년간의 일기장 같은 그때그때 느꼈던 소소한 감정까지 기록된 글들과 사진이 사라진 아쉬움은 충격이었다.

어찌 보면 빈손으로 왔다가 빈손으로 가는 인생길에서 볼 때 한줄기 스쳐가는 바람일 수도 있겠으나 인간의 열정적인 삶의 이야기들은 참 소중한 것이라 생각된다. 어쩌면 카카오스토리 계정이 날아가면서 기록한 추억이 한순간 사라진 아쉬움 때문에 나의 이야기를 기록으로 남기고 싶어서 이 글을 좀 더 빨리 집필하기 시작했는지도 모른다.

그 후 내가 작성했던 글이나 인상에 깊이 남는 귀한 글 제목 몇 개를 남겨본다. 맨 처음 소개한 글은 법정 스님의 글이다. 맨 마지막 글은 나의 비문이다. 천상병 시인도 살아서 '귀천'이란 유고 시를 지었다.

나는 누구인가? / 법정 스님

나는 누구인가?
스스로 물으라.
자신의 속 얼굴이
드러나 보일 때까지
묻고, 묻고, 또 물어야 한다.
-하략

인연하나 사랑하나 / 이설영

나 이제 그 사람이 있어
아름다운 시 향기 가득 품어 낼 수 있듯
그 사람도 나로 인해
삶의 향기 가득 느낄 수 있게 하소서

매서운 겨울을 안고 떠났던 바람이
다시 돌아와 찬란한 아침
꽃망울 터트리며
화사하게 말하고 있듯

이젠 힘겨웠던 나날들이 결코, 헛되지 않은
아름다운 우리의 인연이 있어
더 이상 슬프지 않은 행복한 나날 되게 하시고
서로 끝까지 지켜 줄 수 있는
마지막 사랑이 되게 하소서
미움이 싹트려 할 땐
사랑이 밑바탕 되어 더욱
용서하고 비워가는 사랑이게 하소서
-하략

사랑하는 나의 사람아 / 바람세월 중

날마다
단 하루도 빠짐없이
소리 없이 나에게 찾아와
행복의 꿈을 전해주는
사랑하는 나의 사람아

당신이 있으므로
커피 한잔으로 졸음 달래며
다들 잠든 까아만 밤에
한 편의 시를 쓰는구나
-하략

꽃이 되는 시간을 위하여 1 / 원임덕*

참 참한 햇살이었다.
아침이면 어김없이 내 창문을 비치듯
우리의 삶 속에 머물러 있다는 것과
길이 되어질 수 있다는 것

처음 이 길을 아주 빠르게 건너왔듯이
그렇게…….
부서지지 않으며 건너는 빛으로

그러면 나는
아주 참한 꽃으로
꿈을 피우리라
나 대신 너의 안락을 만들어
여전히 너를 위하여
더욱 참하게 퍼지는 일상의 빛 이거라.

* 원임덕 : 승려 시인, 미소마을 대표, 시집〈꽃이 되는 시간을 위하여〉

나 당신을 사랑합니다 /김바다

나 당신을 사랑합니다.
나 당신을 이렇게 사랑합니다.
나 당신을 많이 사랑합니다.
내 가슴 깊숙이 다가온 당신의 향기가 아직도
긴 여운으로 남아있습니다.
나 당신을 너무 사랑합니다.
하늘이 두 조각이 나고 이 몸이 불에 타
한 줌의 재로 남는다 해도
이생에서는 당신과 함께하고 싶습니다.

나는 누구인가? / 운산

나는 원래 초원을 거니는 소였다.
어느 날 목이 말라 물을 먹으려고 호숫가에 갔다.
물을 실컷 먹고 그만 늪에 빠져버렸다.
늪에 빠진 소는 아무리 발버둥 쳐도 빠져나올 수가 없었다.
허우적거릴수록 더욱 깊이 늪 속으로 빠져들기만 했다.
살 수가 없어서 아예 납자루가 되었다.
물고기로 살다가 죽고 다음 생애에 다시 태어날 때는
연꽃이 되고 싶다.
너의 늪에서 계향 충만 연꽃 봉오리를 맺고 싶다.

묘비명 / 홍성록

초동 목부 산골 소년이

조종사가 되어 30년 무사고 비행 조종사로서 나라를 지켰다.

사람을 좋아하고 마라톤과 등산을 즐기며 노래를 좋아했고 골프와 여행을 즐겼다.

열정적으로 일을 하였고, 인정이 많고 가슴은 따뜻했다.

친구들과 술 한 잔 마시며 좋아라 했다.

한평생 즐기고 가네.

헬리콥터 도입 성사

_2020년 8월

2019년도 2학기 연말 학기가 끝날 때, 학교 재단 이사장님께서 나에게 진지한 부탁을 하신다. 2020학년도에 헬리콥터 정비과정 모집 학생 인원을 국토부로부터 승인받아야 한다. 앞으로는 헬리콥터 정비과정을 승인받아야 학교 경쟁력도 생긴다. 그렇게 하기 위해서 학생 모집 정원 추가 승인에 필요한 요건을 구비하기 위해서는 반드시 헬리콥터가 필요하다.

학교 존립과 헬리콥터 정비학 교육을 위해서 반드시 필요하다. 미래와 당면한 현실을 볼 때 헬리콥터 도입은 중요하고 필수적이며 학교 존립의 문제에도 영향을 미친다. 그렇지만 고가의 헬리콥터를 어디서 쉽게 구매할 수도 없는 문제이다. 군에서 장비 현대화를 할 때 구형 장비들을 안보교육 전시용이나 학교 기관에 교육용으로 무상으로 대여를 해주는 제도가 있다.

이때 군으로부터 헬리콥터를 대여받아 오는 임무를 내게 부탁을 하시는 것이다. 학교에 여러 교수님과 이사장님을 비롯한 많은 직원이 있지만, 군과 협조하여 군에서 대여하는 시기에 맞추어 그 업무를 추진할 역량이 있는 적당한 사람이 없었다. 마음이 힘든 시기에 이러한 중요한 업무를 추진하기가 여간 어려운 것이 아니었다.

하지만 지금까지 살아온 스타일이 있지 않은가? 내가 필요한 곳에서 어떤 일을 추진할 때 최선을 다하여 기필코 성사시키는 것이 나의 장점이 아니던가? 육군본부 담당자를 파악하고 대여장비 유무를 파악하고 전국에서 군으로부터 헬리콥터를 대여받으려는 기관이나 학교 소요군을 예측하고, 우리 학교가 대여를 받으려는 합리적인 명분을 만들어야 한다. 설사 대여할 장비가 있다 하더라도 소요군들 중에서 우선순위가 있어야 대여가 가능한 것이다. 대여 장비 사용 목적과 사용 계획 추후 관리와 활용방안을 조리 있게 잘 작성하여 군 관계자들에게 납득시켜야 하는 것이다.

학교 이정연 총괄이사님과 협력하여 보고서를 잘 만들어서 절차에 따라 건의를 하여 우리 학교 설립 후 최초로 상태가 양호한 헬리콥터를 도입하는 쾌거를 이루었다. 학교 입장에서 대단히 중요한 업무성과를 낸 것이다. 학교 부임한 2년 차 외래교수가 엄청난 성과를 이룬 것이다.

헬리콥터가 학교에 도착하고 내 강의실 옆에 떡 버티고 있으니까 나의 수호신이 나를 지켜 주는 것 같았다. 이사장님께서도 '홍 교수님 노력하여 획득한 장비로 학생들 잘 가르쳐주세요.'라고 하셨다. 이정연 총괄이사님은 '우리 학교가 존속하는 한 홍 교수님과 함께 가겠습니다.'라고 말씀하였다.

하루살이 같은 외래교수 처지에서 보면 전임교수가 로망이다. 그런데 이번 일을 성사하고 강의 평가도 우수하고 성실하게 근무를 했으니까 전임교수를 보장받은 것 같은 분위기였다. 외래교수로 3년 이상은 근무를 하고 교수평가에서 우수하게 평가를 받으면 전임교수 심사를 고려하는 분위기였다. 그러나 규정된 것은 없다. 단지 이사장님의 결심에 달린 것이다. 2년 동안 교수평가는 다행히 우수하게 나왔다.

그리고 성심껏 강의했다. 그러나 2021년도에도 전임교수 임용은 되지 않았다.

코로나 19 팬데믹

코로나 19 팬데믹의 서막

_2020년 3월

코로나 19 팬데믹이 세계를 강타한다. 대구에는 2020년 초에 대유행했다.

'우한 폐렴'이라고 중국 우한에서 유행한 것이 대구에 있는 신천지 신도들을 중심으로 번져 나온 것이다. 우리 마을에도 예외는 아니었다. 코로나 19 위험의 중심에 있었다. 마스크 한 장 사기가 어려웠다. 이때 메모를 해둔 글과 마스크를 사기 위해 우체국 앞에서 줄을 서서 기다리던 때의 진풍경을 기록으로 한 장 남긴다.

오늘 하루가 또 지나가네.

"자고 나면 마스크 사러 우체국에 가서 줄 3시간 서고 마스크 5장 오천 원 주고 사 오면 점심때다. 줄 서는 것도 피곤하다. 혹시 대열에 코로나 확진자가 있어도 모른다. 점심 먹고 좀 졸고 마트에 가서 찬거리라도 좀 사고 어영부영하면 저녁 먹고 TV 보고, 또 자고 면역력 키우려면 운동도 해야 하는데 사람들은 서로 말 걸어올까 피하고 눈치 보고 민심 인심 다 피난 간 것 같다.

다음 주가 되면 온라인 영상 강의 끝나고 대면 강의하러 학교로 복귀할 텐데 걱정이다. 코로나 19 대유행으로 우리 학교도 2주간 온라인 강의를 하였다. 3주 차부터 대면 강의를 한다. 그때 쓸 마스크를 몇십 장이라도 확보하려고 매일 우체국 앞에서 3시간씩 줄을 선다."

-2020년 3월 5일 옥포에서-

JDX
JDX
제이디엑스 멀티스포츠
THE NORTH FACE
노스페이스
차승원의 JDX
창고 대 개방

코로나 19 팬데믹의 영향

_2021년 7월

코로나 19의 영향으로 2021년도 입학생들이 많이 줄어서 정원의 3분의 1밖에 학생 모집을 못 했다. 강의시간 배정이 안 되었다. 가르칠 학생이 없다. 그동안 준비한 항공정비사 시험 날짜가 다가오는데 강의가 없으니 자격증은 따서 무엇하겠는가? 라는 생각도 들었다.

그러나 이왕 시작한 공부 그동안 열심히 공부한 것이 아까워서 오기로라도 목표를 달성하기 위해서 '항공기 정비사 면허시험'에 올인했다. 코로나 19 팬데믹 현상으로 학생들은 모집이 안 되고 강의는 없어 낙향하였는데, 면허가 무슨 소용이 있겠는가? 코로나 19 영향이 미치기 전에 시작한 공부라서 끝까지 해 본 점도 있고, 항공 산업이 회복되면 70세 이전에 강단에서 강의할 기회가 올 것이라는 기대도 있었다.

그리고 혼란한 가슴을 달래기 위해 공부에 더욱 몰두했는지도 모른다. 그럭저럭 3년이란 기간 동안 강의를 하고 인생 2막 3장을 덮었다.

홍성록

5월 15일 오전 08:25 - 수정됨

코로나19 선별검사소
마곡 이대병원 앞 강서구 임시 선별 검사소에 검사를 받기위해 긴줄을 서 있다.
온도는 29도 한여름 날씨다.
2020년1월 마스크 대란때 마스크 5장 사기 위해서 우체국 앞에서, 약국 앞에서 새벽부터 나가서 3시간 줄 서서 직원들 출근 시간인 9시까지 기다렸다가 5장 나중에는 3장 사왔던 기억이 난다.
코로나19의 재앙 오래도 간다.

항공기 정비사 면허를 취득하다

_2021년 10월 19일

헬리콥터를 도입하고도 전임교수 임용은 되지 않았다. 때가 되면 되겠지…….

3년은 지나야 전임교수 임용 심의를 검토한다니까 기다려보자. 솔직히 외래교수가 장기근속한다는 보장만 있으면 할 만했다. 매일 근무하는 것보다 3일 빠짝 강의하고 3일은 집에서 가족과 보낼 수 있는 시간이 많으니까 주말부부를 하는 나로서는 나쁠 것도 없었다. 그보다 외래교수로 근무하면서 객지에서 주말부부 하면서 생활하는 것 자체가 허망할 때가 많았다. 지나온 날들을 뒤돌아보면 참 성실하고 열심히 살아왔다. 어떤 면으로 보면 머리 나빠서 손발이 고생하는 것 같기도 하고 '젊었을 때 박사라도 되었으면 지금 소신 있게 뭐라도 더 나은 자리에서 편안하게 살 수 있지 않을까?'라는 생각도 든다. 하지만 군인으로 한평생 살면서 남들보다 많은 것을 하기도 했다. 요만큼이라도 했으니까 교수라도 하지 않는가 말이다. 내가 항공기술전문학교에 근무하면서 아킬레스가 하나 있다. 다름 아닌 항공기 정비사 면허가 없다는 것이었다. 이 나이에 2년 이상 걸리는 공부하기는 참 버겁다.

그리고 젊은 학생들처럼 공부하고 시험에 응시하기도 여간 어려운 것이 아니다.

65세까지 교수를 한다고 하면 앞으로 5~6년인데 굳이 이것을 취득해야 하나 고민을 했다. 외래 교수는 70세도 가능하다. 그렇다면 한번 해볼까? 망설이다가 해보자 결심을 하고 악전고투를 한다. 낮에는 내 강의를 하고 야간에 우리 학교 근처에 있는 '한국항공기술직업전문학교'에 진학을 해서 항공기 정비사 과정 공부를 한다. 여름 겨울 방학도 없이 수업을 수강하고 국토부에서 요구하는 실습시간을 채운다. 항공정비사가 되려면 국토부에서 지정하는 전문 교육기관에서 소정의 교육을 받고 실습시간을 충족하고 졸업을 하는 경우와 항공기 정비회사에서 실무경력 4년 이상 되면 항공기 정비사 면허시험에 응시할 자격을 부여한다. 항공기 정비사 필기시험은 대한민국 국민으로 18세 이상이면 누구나 볼 수 있다. 시험과목은 항공기 정비 일반, 항공기체, 항공기관, 항공전기전자계기, 항공법규이며 각 과목 점수가 70점 이상이면 합격이다.

실기시험은 정비사 면허 실기 시험 응시자격을 신청하고 심사를 하여 실기시험 응시 자격이 되면 실기시험 응시 기회를 부여한다. 실기시험은 작업 형과 구술시험을 모두 통과하면 합격을 한다. 난 정비사 필기시험 공부를 1년 동안 주경야독으로 열심히 공부해서 2020년 1월부터 공부를 하여 2021년 2월에 항공기 정비사 필기시험 5과목을 모두 합격하였다. 필기시험에 합격하고 한 학기를 다니니까 참 마음이 편안했다. 필수과목만 이수하고 실기 시간만 충족하면 실기시험 응시자격이 부여되기 때문에 실기시험을 볼 수 있다. 야간 수업과 방학 동안 실습을 하여 시간을 충족시켰다.

2021년 9월에 실기시험에 응시하였는데 긴장을 하여 불합격을 하였다. 참 허탈하였다. 시험에 합격하고 추석 때 손자들과 즐겁게 보내고 싶었는데 마음의 부담을 가득 안고 손자들과 추석을 보냈다. 태연한 척 쓸쓸한 표정 관리하느라 신경 많이 썼다. 이렇게 실기시험을 볼 수는 없는 것이다. 궁하면 통한다. 2021년 10월 초에 세한대학교에 최성병 교수님께서 재학생들을 대상으로 항공기 정비사 면허 실기 특강을 한다는 소식을 들었다. 육군항공학교 신승문 중령과 세한대학교 김오년 교수님의 도움으로 최성병 교수님이 진행하는 특강을 청강하였다.

내가 강의하는 기체 부분은 학생들 실습하는데 조력을 하였고 비전공인 기관과 전기 전자분야에 집중적으로 숙달을 하였다. 휴일도 마다하고 학생들을 위해서 며칠씩 특강을 하시는 세한대학교 최성병 교수님의 희생과 봉사와 제자들을 사랑하는 마음이 대단하다 생각되었다. 진정한 교육자의 또 다른 모습을 보았다. 꼭 필요한 중요한 부분을 실습하고 나니까 안심이 되고 마음이 좀 편안했다. 2021년 10월 19일 결전의 날이 다가왔다. 차분하게 침착하게 하나하나 실습 평가를 우수하게 마무리하였다. 같은 조에 있는 학생들이 실수하는 것을 보고 도와주지 못하는 사정이 안타까웠다. 평가 감독관님도 참 인품이 훌륭하시고 학생들이 부담 없이 편안하게 시험을 볼 수 있도록 많은 배려를 해 주셨다.

그날 18시에 집으로 내려오는 KTX 열차 안에서 문자로 합격 발표를 받았다. 눈물 나도록 감격스러웠다. 얼마나 기쁘던지 모든 고생한 순간들이 주마등처럼 지나갔다. 공부하는 동안 말없이 지켜봐 주고 애타게 마음고생 같이해준 아내에게 진심으로 고맙다는 말을 전했다. 곁에서 얼마나 스트레스를 받았겠나? 그리고 실습 특강을 해주신 세한대학교 최성병 교수님께도 '이 지면에 다시 한번 감사를 드립니다.' 격려의 말씀에 나는 '신의 한 수를 지도해 주셔서 고맙습니다.'라고 화답했다. 이 나이에 공부하는 게 쉬운가? 야간학교 동료 중에 타 대학교 교수님들이 6명이 같이 교육을 받았는데, 내가 최초로 합격을 하고 이틀 후 다른 교수님 한 분도 항공기 정비사 면허시험에 합격했다는 소식을 들었다. 내가 생각해도 의지의 한국인이다.

10여 년 전에 사업용 항공기 조종사 면허를 따고 얼마나 기뻤는지 '가보 1호'라고 했는데, 지금 항공기 정비사 면허는 '가보 2호'라고 해야겠다. 귀인께서도 이 소식을 알았다면 많이 좋아하고 축하해 주셨을 것이다. 대단한 성과이다. 우리 학생들이 이 정비사 면허를 취득하기 위해서 2년 동안 많은 학비를 들이고 열심히 공부해야 취득이 가능한 것이다. 전공 교과를 담당하는 교수님들은 대한항공 등 항공회사에서 30~40년 동안 근무하고 정비사 면허를 소지한 분들이 대부분이고 나처럼 전공 분야만 집중적으로 연구하여 강의하는 교수님들도 일부 근무를 한다. 면허를 소지한 교수님들로만 학생들 강의 소요를 감당할 수 없기 때문에 교수 능력과 경험이 있는 나 같은 사람도 틈새시장에서 일부 인원이 근무한다.

정비사 면허만 소지하고 강의 능력만 있으면 이 분야에서 강의하는데, 큰 무리는 없다. 2년간의 끝없이 지루하고 고달팠던 공부를 성공적으로 마무리하였다. 시간도 넉넉하여 집필 활동에 몰두한다. 오이석 교수와 김성철 박사와 공동 집필한 『항공인적요인』 책이 출판되었다. 국토부 시행 '정비사 면허시험' 응시를 위한 필수과목이다. 우리나라에서 출판된 인적요인 책이 참 귀했는데, 이번에 옥동자가 태어났다. 책의 구성이 참신하고 내용이 알차다. 최신의 국토부 항공정비사 시험 예상문제까지 탑재한 좋은 책이다.

또 오래전부터 마음먹고 있던 나의 이야기를 적기로 하였다. 제목은 "전설의 조종사"라 이름 지었다.

TS 국가자격증 전자자격증명서보기

홍성록 HONG SEONG ROK

자격명 : 사업용조종사

자격(면허)번호 : 12-007827

합격일자 : 2011-04-19

발급일자 : 2011-08-26

* 전자자격증명서는 '20.11.1이후 발급된 것만 확인 가능합니다.

사업용조종사 면허

TS 국가자격증 전자자격증명서보기

홍성록 HONG SEONG ROK

자격명 : 항공정비사

자격(면허)번호 : 21-020656

합격일자 : 2021-10-19

발급일자 : 2021-10-21

* 전자자격증명서는 '20.11.1이후 발급된 것만 확인 가능합니다.

항공정비사 면허

나의 지난 이야기

마라톤 이야기

내가 마라톤을 시작한 것은 2003년도 항공대대장을 하면서부터이다. 그 시절에 마라톤 붐이 일어나기도 했다. 소령 시절에 중요 참모 부서에서 업무를 주도적으로 수행하느라 매일 야근을 하고 보고서를 만들고 현장 지도 방문을 하고 참모업무에 수년 동안 매달리다 보니까 체력이 많이 소진되었다. 그해에도 정기 체력검정을 하는데 1.5km 달리기에서 합격 시간 내에 들어오기는 했으나 맨 꼴찌로 들어왔다. 최고 연장자이기는 하지만 그래도 기본 체력이 강한 편인데 몸이 많이 망가져 있었다. 대대장이 체력적으로도 강해야 하는데 건강을 위해서도 체력을 보완할 필요성이 절실했다. 부대에서 '전투 체육' 시간에 테니스를 쳐보았는데 부하들이 너무 잘 쳐서 재미가 없다.

축구와 족구도 해보았는데 젊은 간부들과 함께 뛰어 보니까 체력이 받쳐 주지를 않는다. 2km 정도 되는 순찰로에 달리는 나이 많은 간부들이 여러 명 있었다. 나도 건강 달리기나 해 보자고 달려 보았는데 이것도 쉽지가 않다. 부대대장 김광수 선배와 나란히 달리기를 많이 하였다. 1중대장 박종성 소령이 마라톤을 완주한 주자였는데 보조를 맞추어 마라톤의 기본기를 하나씩 알려준다. 비결이란 것이 없다. 무조건 천천히 지치지 말고 30분만 달려 보자는 것이다. 그것도 쉽지가 않다. 5분을 달리니까 숨이 차다. 거의 걷는 거나 마찬가지이다. 걷다 뛰다가를 반복하며 한 달 정도 하니까 30분 정도는 달릴 수가 있었다.

돌이켜 보니까 놀라운 발전이었다. 호흡이 조금씩 되는 것이다. 계속 달리니까 1시간을 달릴 수가 있었다. 마라톤을 하는 사람들 사이에 이런 말이 있다. '신이 인간에게 주신 최고의 선물은 마라톤이다.' 또 이런 말도 있다. 동물의 세계에서 마라톤 하는 사람을 보고, 하는 말이 '두 시간 이상 쉬지 않고 달리는 미친 동물은 인간밖에 없다.' 하여튼 재미있는 표현들이다. 이렇게 시작하여 마라톤을 시작하게 되었고 그해 가을 임진각에서 하는 '제1회 전우 마라톤대회' 하프코스에 참여하여 완주하고, 마라톤이 이렇게 힘이 드는구나? 하는 것과 고통 속에 완주한 짜릿한 쾌감을 맛보았다.

마라톤에는 쾌감이 하나 더 있다. '러너스 하이'라는 것이 있다. 30분 정도 달리면 이상한 쾌감이 느껴진다. 전혀 피로하지 않고 기분이 상쾌하고 발걸음이 가벼워진다. 아무 생각이 없고 오로지 앞으로 달리기만 하고 앞으로 몸이 나가는 즐거움만 있다. 환각 속에서 구름 속을 걷는 것 같기도 하다. 얼마나 좋은지 모른다. 스트레스란 있을 수 없다. 전날 먹은 숙취도 해소되는 것 같았다. 이런 즐거움이 있어서인지 이때 이후 10여 년을 달렸다.

평일에는 1시간에 10km 정도 달렸고 주말에는 하프코스를 수시로 완주하였다. 연습량은 한 달에 약 150~ 250km를 달렸다. 풀코스 마라톤에도 도전하여 동아일보 광화문 마라톤대회, 조선일보 춘천 마라톤대회, 중앙일보 서울 마라톤대회 등 우리나라에서 주최하는 3대 메이저 국제 마라톤대회에 참가하여 완주하였다. 보스턴 마라톤대회, 뮌헨 마라톤대회, 프랑스 마라톤대회 등 해외 마라톤대회와 환갑 전에 철인3종경기에 도전해보고자 했던 소망은 이루지 못했다. 마라톤 기록은 미미하다. 하지만 10년 동안 지속해서 즐겁게 달려온 기쁨은 한평생 소중한 보배로 내 가슴속에 남아있다. 이런 즐거움에 더하여 나만의 어떤 의미를 담았다. 마라톤 마일리지를 적립하여 가정형편이 어려운 대학생 두 명에게 장학금을 지급했다.

마라톤을 하며 느낀 간단한 소감들과 기록 일부를 더듬어 본다.

마라톤 기록

순서	날짜	마라톤대회명칭	종목	기록	누적거리(Km)
1회	2003. 10. 12	제1회 국방일보전우	Half	2:14:14	21.0975
2회	2003. 11. 16	제1회 하이서울	Half	1:59:08	42.195

순서	날짜	마라톤대회명칭	종목	기록	누적거리(Km)
---2003년계 2회 42.195km---					
3회	2004. 5. 30	제9회 바다의날	Half	2:14:56	63.2925
4회	2004. 10. 24	제2회 전우마라톤	Half	2:12:39	84.39
---2004년계 2회 42.195km---					
5회	2005. 4. 24	제3회 연기군 복사꽃	Half	2:06:26	105.4875
6회	2005. 5. 14	민주평통 논산시	Half	2:09:23	126.585
7회	2005. 9. 11	충주앙성온천	Half	2:24:34	147.6825
8회	2005. 10. 9	제3회 참모총장배	Half	2:09:03	168.78
9회	2005. 10. 30	동아2005경주오픈	Half	2:04:49	189.8775
---2005년계 5회 105.4875km---					
10회	2006. 10. 1	제3회 부여마라톤	10km	0:58:18	199.8775
11회	2006. 10. 22	제4회 참모총장배	10km	01:01:07	209.8775
12회	2006. 11. 15	동아2006공주오픈	10km	0:59:45	219.8775
---2006년계 3회 30km---					
13회	2007. 3. 18	서울동아국제마라톤	Full	04:58:42	262.0725
14회	2007. 4. 15	제3회 예산벚꽃	10km	01:06:06	272.0725
15회	2007. 4. 29	제3회 mbc한강	Half	02:09:19	293.17
16회	2007. 5. 19	충남도민생활체육대회	5km	00:25:30	298.17
17회	2007. 5. 20	HCN충북방송충주	10km	00:52:33	308.17
18회	2007. 6. 10	영광마라톤	Half	02:07:58	329.2675
19회	2007. 10. 7	제5회참모총장배	Half	02:06:09	350.365
20회	2007. 10. 14	공주동아마라톤	Full	04:41:43	392.56
21회	2007. 11. 4	서울중앙마라톤	Full	04:16:53	434.755

순서	날짜	마라톤대회명칭	종목	기록	누적거리(Km)
---2007년계 9회 214.8775km---					
22회	2008. 1. 20	고성 마라톤	Half	01:59:38	455.8525
23회	2008. 5. 11	영남일보	Half	01:57:34	476.95
24회	2008. 5. 25	대구생활체육	10km	54:40	486.95
25회	2008. 5. 31	금호강	Half	01:58:10	508.0475
26회	2008. 6. 1	통일마라톤	10km	54:47	518.0475
27회	2008. 10. 5	해운대바다마라톤	Half	01:54:24	539.1450
28회	2008. 10. 12	달구벌 마라톤(금호강)	10km	50:00	540.1450
29회	2008. 10. 19	경주동아 국제마라톤	Full	04:02:54	582.345
30회	2008. 11. 23	창원 마라톤	Full	03:58:56	624.535
---2008년계 8회 188.78 km ---					
30회	2009. 1. 11	고성마라톤	Half	01:50:30	645.6325
31회	2009. 2. 22	밀양마라톤	Half	01:41:20	666.73
32회	2009. 4. 26	성주마라톤	Half	01:43:39	687.8275
33회	2009. 8. 15	해병대혹서기	10km	00:48:59	697.8275
34회	2009. 10. 25	춘천 조선일보	Full	05:15:39	740.0225
---2009년계 9회 115.48 km---					
35회	2010. 1. 31	고성마라톤	Half	01:54:10	761.12
36회	2010. 4. 11	대구마라톤	10km	01:26:00	771.12
37회	2010. 10. 9	부여마라톤	Half	01:59:10	792.2175
38회	2010. 10. 24	춘천 조선일보	Full	04:53:23	834.4125
---2010년계 4회 94 km ----					

2007년 추석맞이 30Km LSD 연습

실로 오랜만에 하프 이상을 뛰어본다.

초반 15km까지 1시간 31분

25km까지 2시간 32분, 거의 km당 6분대 이븐 페이스로 잘 달린 것 같다

25~29km 3시간, 7분대 기록, 체력 소진

29~30km 3시간 7분 50초.

이렇게 하여 2007년 추석맞이 장거리 연습을 마무리하였다.

전날 저녁에 미리 오른쪽 발목과 장딴지 무릎에 근육에 테이핑을 해둔다.

아침 6시 쇠고깃국에 밥 한 그릇 뚝딱하고 볼일 보고 몸을 최대한 가볍게 한다.

왼쪽 새끼발가락에 1차 테이핑을 하고 발가락 양말을 신고 그 위에 20cm 거즈를 감고 테이프로 잘 고정을 시킨다.

바셀린을 곳곳에 듬뿍 바르고 얼굴에는 선크림을 바른다.

허리 쌕에 파워젤 하나 차고 보스턴 팬티 주머니에는 빵을 하나 구겨서 쑤셔 넣고

본 경기에 나가도 이상 없어 보였다.

7시에 운동장에 집결하여 오랜만에 만나는 동지들 상견례하고 10분간 스트레칭하고 슬슬 출발한다. 벌써 젊은 동생들 셋이서 줄행랑을 친다.

10월 동아나 11월 중앙에서 서브 3을 꿈꾸는 선수들이다. 오늘 40km 훈련을 한단다. 대단한 친구들이다. 기록이 3시간 2분. 6분. 8분 대인 선수들이 앞서 나간다.

난 부부 그룹 몇몇과 6분대 지속주로 달렸다.

5km를 달리니 아침에 음식 먹고 뒷일을 못 본 선수가 급한 일을 처리한다고 대열에서 이탈한다. 좀 빨리 일어나 급한 일 해결하고 온 것이 다행이다 싶다.

7km 지점에서 한 쌍의 부부가 워크아웃된다. 난 큰맘 먹고 나왔는데 다들 돌아가면 우짜노? 그래도 나 혼자라도 30km는 가고자 했다.

8월에 무리한 발목 부상이 완전히 회복된 것은 아닌데 테스트도 해보아야 하고 10월 동아대회 준비도 해야 하기 때문에, 내심 초조한 것이 사실이다.

돌아갈 사람들은 돌아가고 정 선수와 30km를 끝까지 동반하기로 한다.

편도 15km를 달리면 계백장군 유적지가 나온다. 1시간 30분을 확인하고 돌아 나오면서 '정 선수'께 빵 한 조각을 상납하고 난 난생처음 파워젤을 하나 폼잡고 먹어 치운다. 영양식을 만든 분께 감사한 마음도 가져 본다.

그 와중에 5시부터 두 시간 연습을 마친 대한민국 몇 안 되는 아이언맨 김창성 선배님께서 반환점에 물을 배치해 놓으셨다.

엄청 고맙고, 감사할 따름이다. 뒤풀이할 때 막걸리 한 사발 권해드리면 엄청나게 행복해하신다.

25km를 달리고 시간을 체크해 보니 제법 잘 달려왔다. 6분대를 2분 정도 오버했으니 내 수준에 잘 달린 것이다.

그런데 여기서 점점 발길이 무거워진다. 이를 악물었다. 40km를 목표로 했으면 35km까지는 그런대로 달리지 않았을까 하는 생각도 해보았다.

흐느적거리며 달리는 나와 끝없는 광야에서 천군만마를 호령하는 나와 둘이 달려 보아도 물리적인 한계를 극복하기가 쉽지 않았다.

온갖 군상들의 상상이 잠시 혼재되어도 힘들기는 마찬가지라…….

29km에서 시계를 보니 이미 3시간 아직 1km를 더 가야 하는데 6분대 시간이 다 지나 버렸고 허벅지에 근육 통증이 오기 시작한다. 심기일전 육신을 끌고라도 결승점까지 가보자 결승점에서 '정 선수'가 힘내라 재촉한다. 3시간 7분 50초……. 역부족이다……. 정 선수는 올여름 분당 오버나잇 대회 완주. 8월 과천 혹서기 마라톤을 완주한 여전사이다.

이렇게 처절한 완주를 되풀이하지 않기 위한 처방을 생각해본다.

우선 파워젤을 4개를 준비한다. 출발 전 15km 25km 35km에서 한 포씩 먹는다.

간식을 충분히 준비한다. 다리에 테이핑을 허벅지에도 한다.

시합 7일 전부터 식이요법으로 충분한 에너지를 비축한다.

다음 주에 35km 연습을 한다.
허벅지 근력 보강 운동을 한다.
수준 비슷한 선수와 동반 주를 한다.

창원 마라톤대회 후기

2008년 11월 23일 창원 마라톤대회에서 작은 소망 하나를 이루었다.

마라톤 입문 6년 차, 풀코스 5회 도전 끝에 sub-4, 3시간 58분 56초의 대기록을 수립했다. 달림이 고수들에 비하면 보잘것없는 기록이지만, 나에게는 그 못지않은 소중한 기록이다. 입대 전 부모님 겨우살이를 위해 땔감 나무라도 1년 치 해놓고 가려고 매일 뒷산으로 나무를 하고 지게를 지고 내려오다 발목을 겹질린 것이 지금까지 생활에 지장을 준다. 그러다 세월이 흘러 조금 상태가 좋아지는가 싶어 무리한 운동을 하다가 또 겹질려 오랜 세월 걷기밖에 못 했다. 이래서는 안 되겠다 싶어 용불용설이라 재활 운동 차원에서 조금씩 달리기를 시작한 것이 벌써 6년이 되어 오늘에 이르렀다. 남들은 3년 만에 군 제대를 하는데, 나는 30년이 다 되어가도록 제대도 못 하고 빨간 마후라 하나 목에 두르고 아직도 청춘인 양 한다. 살아가면서 3사가 중요하다. 인사, 봉사, 감사, 가 그것이다. 오늘의 이 신기록을 수립하기까지 대구 마라톤 클럽 서원찬 님의 도움이 없었다면 결코

나의 마라톤 입문 6년 만에 수립한 대기록의 쾌거는 없었을 것이다. 다시 한번 이 지면을 빌어 감사드립니다.

오늘 대회에 임하면서 시작 전 충분한 여유를 갖고 준비하여 경기에 집중했다.

절대로 페이스메이커를 추월하지 않고 끝까지 힘의 안배에 노력했다.

집중 또 집중했다. 시종일관 페이스메이커랑 보조를 같이한다.

무식하면 용감하다고 작전이고 전략이고 없다. 무조건 페이스메이커 따라가다가 결승점 운동장 트랙에서 죽기 살기로 200m만 내뺀다는 전략이다.

시작부터 28km까지 무리 없이 잘 달린다.

29km에서 31km 지점까지 페이스가 좀 빠른 것 같아 힘들었다.

31km부터 안정을 찾아 34km까지 페이스 유지하고 잘 달린다.

34km 지점에서 마음속 한구석에 서서히 불안의 씨앗이 싹튼다.

언제 마라톤 벽이 나의 발목을 잡을지 모르기 때문이다.

35km 지점에서 힘의 한계에 봉착했다. 나 스스로 최면을 걸었다.

가을의 전설, 가을의 전설, 가을의 전설……. 등골이 오싹하고 머리끝이 뾰쪽뾰쪽 선다. 소름 끼치는 각오를 다졌다. 그래도 힘든 것은 힘든 것이다

이때 구세주가 나타나신 것이다. 서원찬 님의 눈물겹도록 감사한 근접 서포터가 시작된다. 꿀물 다섯 차례 리필, 허벅지

종아리 스프레이 수차례 뿌려주고 보조 맞춰주고……. 마의 40km 오르막 주행 방법 교시, 힘내라!. 마지막 스퍼트가 필요한 시점이다……. 목에 단내가 난다. 운동장이 보인다. 동료들의 얼굴이 보인다.

창원 메인스타디움 200m 트랙만 돌아가면 된다. 대구 마라톤 sub-3 주자 곽호성 님의 동반주, 서원찬 님의 마지막 격려와 독려, 10m를 앞두고 포즈 한 번 취하란다.

시계가 3시간 59분 56초를 가리킨다. 진행요원이나 관중들 모두 안타까운 응원이

운동장에 메아리친다. sub-4가 간당간당하기 때문이다.

내가 1분 늦게 출발한 사실은 아무도 모른다. 정말 힘들고 지루한 레이스였다.

11월 연습량이 턱없이 부족했고, 지난 경주대회에서 sub-4 실패 이후 열악한 몸 상태에서도 인내의 한계를 극복한 힘의 원천이 무엇일까?

꿈은 주변의 도움이 있어야 쉽게 이루어진다는 생각이 든다.

길동무도 소중한데 사부님을 잘 만났으니 이 얼마나 다행인지 모릅니다.

그래서 나는 외롭지 않습니다. 기쁩니다. 행복합니다. 감사합니다.

2008년 11월 23일

2009년 춘천 마라톤대회 출사표

하늘 높고 물 맑은 금수강산 단풍잎 곱게 물든 의암호에서 난 한여름 동안 길바닥에 흘린 땀방울의 결실은 얻어 보려고 한다. 추위가 다 가시지 않은 광화문 벌판에서 두 손 호호 불면서 눈물 젖은 초콜릿을 씹으며 첫 풀코스에 도전하여 4시간 58분에 겨우 골인한 후 뭉클한 감격을 숨기지 못해 까만 숯덩이 가슴 안고 사나이 눈물을 흘렸다.

동료들의 환호와 축하 클럽 동호회에서 준비한 첫 풀코스 완주 기념 선물을 받고 얼마나 감격했는지 모른다. 주로에서 함께 달린 동지들의 몰아쉬는 숨결이 추억으로 쌓여간다. 거리에서 만난 사람들과 사람들의 정감, 발걸음 속도가 비슷했던 사람의 숨소리를 들으며 나는 그들과 경쟁자가 아니고 이미 동반자가 되었다.

맨몸으로 달리는 솔직함과 진솔함이 우리 달림이들 만이 느끼고 공유할 수 있는 큰 재산이 아닌가 생각한다. 처녀 출전하여 4시간 58분에 달리고, 그 후 4시간 41분, 다음은 4시간 16분, 그다음은 4시간 3분을 주파하면서 sub-4를 못한 것을 얼마나 아쉬워했는지 모른다. 황야에 무법자가 있듯 주로의 영웅이 존재한다.

2008년 11월 23일 창원 마라톤대회 때 주로의 영웅을 만나 처절하리만큼 극진한 독려와 응원에 힘입어 3시간 58분 58초, SUB-4를 기록한 것이다. 난 이제 여기 호반의 도시 춘천에서 전통과 명예에 빛나는 조선일보 춘천 마라톤에 당당히 참가하여 작은 영웅이 되어 보려 한다. 자신과 싸움에서 역경을 극복하고 완주를 하면 영웅 아닌 자 누구 있겠는가? 춘천 마라톤대회 가을의 전설 속에 작은 영웅의 대서사시를 쓰려고 한다. 의암호반에서 작은 영웅을 꿈꾸며!

2009년 성하에 마라톤 클럽 중고 신사 홍성록

마라톤 참가 준비물

2009년 10월 25일 조선일보 춘천 마라톤대회를 앞두고 준비물을 하나씩 챙긴다. 한두 번 마라톤에 참가하는 것도 아닌데 자꾸 헷갈린다. 이런 때엔 군장 검사를 하면 금방 해결이 된다. 우선 종이에 하나씩 나열해본다. 그리고 두루 착용한 상태를 가정하고 하나씩 체크해 본다. 그리고 추가로 빠진 사항이 무엇인지 챙겨본다.

그래도 생각 안 나면 주로에서 고생 좀 하면 된다.

먼저 배번, 기록칩, 의복(휴대 및 착용) 머리띠, 반소매 티(예비로 긴 티), 경기복 배번 부착 티, 손목 토시, 면장갑, 비닐장갑, 시계, 반타이즈, 보스턴 바지, 양말, 운동화, 보온 위한 세탁소 비닐, 파워 젤 4개(현지 구매), 비상금, 진통제.

다음은 부착물과 약품 발가락 테이핑, 종아리 허벅지 테이핑, 바셀린, 스프레이.

겨드랑이 반창고 바르고, 선크림, 타월, 속옷 여벌, 달린 후 입을(바지, 티, 점퍼는 이동 간 입고 간다) 물품 보관용 비닐, 현금 10만 원, 슬리퍼, 위생 도구.

"죽기로 뛰는 者 살아서 올 것이요,
살고자 하는 者 완주가 어려울 것이다."

2009년 춘천 마라톤대회 후기

가을의 전설 완성과 3대 메이저대회 완주 달성.

형형색색 오색 물결과 인간 띠 하늘 높고 맑으며 산이 수려하고 호수가 아름다운 이곳 춘천 하고도 의암호수……. 그 아름다운 강산을 2만여 명 건각들이 달린다.

연도에 늘어선 수반의 응원단의 환호 속에서 길고도 험난한 먼 여정을 마무리하고 경기장 골인 지점으로 들어서는 중고 신사……. 비록 그 기록은 미미할지라도 2009년 춘천마라톤 가을의 전설을 완성함은 물론 동아, 중앙, 조선 3대 메이저 마라톤대회 완주의 쾌거를 달성한 것이다. 멀고도 험한 레이스를 마치고 난 후의 그 희열은 달려 보지 않은 사람은 고통 후의 즐거움을 모를 것이다. 애당초 준비가 안 된 몸 상태로 완주를 하고 나니 나 자신 더욱 대견하고 감개무량하다.

준비되지 않은 몸으로 마라톤에 참가하는 자체가 무모하기

그지없고 마라톤에 대한 예의가 아닌 것 같아 미안하고 부끄러운 마음을 금할 길 없었다. 하지만 3년 동안 벼르고 벼르던 대회라 다소 무리가 따르더라도 참가를 하였다.

사연인즉 지난 7월 20일 춘천마라톤 접수를 마치고 연습하다가 오른쪽 발목을 심하게 겹질렸다. 그 후 발목을 아끼고 8월 15일 해병대 혹서기 마라톤에서 10km를 달리고 후유증이 심해서 한 번도 연습을 못 한 상태로 이번 대회에 참가한 것이다.

9시 이전에 춘천 종합운동장에 도착했는데 경기 시작 한 시간 전인데 벌써 주차장이 만원이고 사람들이 인산인해이다. 우선 가장 중요한 생리적인 문제부터 해결하는데 순번 기다리는데 30여 분이 소요된다. 정말로 긴 인내가 요구되었다. 그리고 발목 테이핑을 위해서 전문 요원에게 봉사를 받는데 20분을 기다린다. 테이핑의 효과가 이렇게 대단한지 다시 한번 실감했다. 바쁘게 물품보관소에 물품을 맡기고 9시 50분에 주경기장에 들어간다. 엄청난 인파이다. 나 홀로 스트레칭을 신중하게 한다. 마스터스 선수들 10시 정각에 출발하고 30여 분 뒤 I조에서 출발하였다. 내 뒤에도 인간 띠의 행렬은 끝없이 이어진다. 운동장 출발선에서 순차적으로 출발하는 데 걸리는 시간만도 1시간 가까이 걸린다고 한다.

출발~10km

두어 달 만에 달려 본다. 페이스 변화를 살피면서 조심스레 달려 본다. 5km 신연교 다리를 지나면서 삼학산 등산로 입구를 달린다. 하늘 높고 오전 햇살 받은 형형색색 단풍과 호수와 붕어섬의 정경이 몇십 리 인간 띠와 조화를 이룬 절경이 탄성을 자아낸다. 10km까지 그럭저럭 달릴 만했다.

10~20km

삼학산을 왼쪽에 붕어섬을 오른쪽에 두고 자연과 조화로 달릴만하다. 평소대로만 연습이 되었다면 이 정도야 가볍게 달릴 수 있는 코스이다. 20km 가까이 오니까 허벅지가 뻐근해져 온다. 파워젤 한 봉지 삼키고 급수대로 다가가니까 초코파이가 마련되어있다. 2개를 게토레이와 먹고 고뇌를 한다. 앞으로 만 명 뒤로, 만 명 중간에서 앞으로 가자니 몸 상태가 안 될 것 같고 뒤로 돌아가자니 1만 명의 눈길을 피해야 하고 회수용 차를 타려고 하여도 한 시간은 기다려야 할 것 같고 답이 안 나온다. 퍼질러 앉아 초코파이 두 개를 더 먹고 자리를 박차고 일어선다. 사나이 갈 길은 오직 하나, 오로지 전진만 있을 뿐이다.

20~30km

5분을 고뇌하고 다시 시작하는데 은근한 오르막 경사가 장난이 아닌 것 같다. 5분 정도 가니까 21.0975km 하프 기록 매트가 깔려있다. 고뇌한 시간 5분 포함해서 2시간 15분 정도 지난 것 같다. 춘천댐으로 오르는 길이 길고도 멀다. 웅장하게 건설된다리의 중압감과 현대 기술의 메커니즘을 생각하면서 부담 없이 걷다 뛰다가를 반복한다. 드디어 춘천댐에 올랐다. 젊은 시절 야전을 종횡무진 누비던 추억이 아련하다. 스트레칭으로 근육을 풀어주면서 상태를 유심히 관찰한다. 하프를 2시간 15분에 통과하였으니 페이스를 더 늦추면 5시간 15분에는 골인할 수 있다는 견적이 나온다. 정상적으로 레이스를 하다가는 금방 쥐가 내리고 근육이 뭉쳐져서 한 걸음도 움직이지 못할 불상사가 생긴다는 것을 잘 알고 있다. 체력과 근육은 한계에 도달해 있고 오로지 입만 살아있다.

30~40km

30km 내리막길 투덜투덜 외로운 레이스…. '가을의 전설'은 고사하고 '가을동화'도 한편 못쓰겠다고 생각하니 피식 썩은 미소가 스쳐 간다. 이때 대구 마라톤 페이스메이커 양승권 부회장님께서 박순희 선배님과 일군의 무리를 인솔하여 힘차게 내려온다. 어찌나 반갑던지……. 1km 동반 주를 하는데 허벅지 근육이 무리라는 신호가 온다. 살짝 뒤로 처져 슬슬 걸어본다. 연이어 일군의 무리가 또 보무도 당당히 지나간다. 정말 힘차고 아름다움 레이스이다. 그 중간에 대구 마라톤 페이스메이커 경찰 마라톤 회장 이창열 님께서 무리를 인솔하신다. 힘차게 파이팅을 한 번 더 외친다. 이때는 감히 따라갈 엄두도 못 내고 오로지 얼마 남지 않은 체력 안배에만 집중했다.

박수부대도 아니고 따라가지도 못하면서 건다 천천히 달리다가를 반복한다. 이때 또 저 옆으로 정형숙 홍보부장 동지가 휘리릭 지나간다. 오늘 컨디션 난조로 무척 고생하고 있단다. 둘이 험난한 마의 구간에서 길동무가 되어 위안이 되었다. 소양2교를 지나면서 지나온 역정들이 머릿속을 스치고 지나간다. 해 저문 소양강에 황혼이 질 때 외로운 갈대밭에 슬피 울던 두견새야 소양강 처녀는 어디로 갔나요? 마의 37km 구간에서 우리 대구 마라톤클럽 회원 중 자원봉사하는 아우님들 고운 손길 봉사하는 그 손길이 아름다운 공양입니다. 복 많이 받으세요. 40km 언덕을 막 넘어간다. 춘천 공설운동장이 보인다.

이게 누구냐? 남양주 천마산 마라톤 클럽 "마라톤에 미친 남편의 아내" 이야기의 주인공 내 친구 오동팔 님을 만난다. '성산약수' 님과 반가운 옛 동지들을 만나 얼싸안고 십년지기의 정담을 몇 초에 나누고 골인 지점으로 향한다. 길고도 험난한 먼 여정을 마무리하면서 비록 그 기록은 미미할지라도 2009년 춘천마라톤 가을의 전설을 완성함과 동시에 동아일보 광화문 마라톤대회, 중앙일보 서울마라톤대회, 조선일보 춘천 마라톤대회 3대 메이저 마라톤대회 완주의 쾌거를 달성하는 순간 이 모든 영광을 그대에게 바칩니다.

2009년 10월 주로의 중고 신사.

대구 마라톤 대회를 다녀와서

문득 지장보살님의 깨달음 말씀이 내게 한층 다가왔다.

지장보살은 석가모니 부처님께 "지옥이 텅 비지 않으면 성불(成佛)을 서두르지 않겠나이다. 그리하여 일체의 중생이 모두 제도되면 깨달음을 이루리라"라고 다짐했다.

깃발 조로 나서서 우리 대구 마라톤 클럽의 제일 마지막 주자를 이끌고 들어오라는 조장래 마라톤학교 교장 선생님의 부탁을 받았다. 날씨는 좀 쌀쌀했지만 달리기에 그만한 좋은 조건이다. 나름대로 생각해 보아도 고성 대회 이후 4개월 만에 유니폼을 입어본지라 몹시 가슴 설레었고 지금은 나의 기록이 얼마쯤 나올까 하는 기대도 되었다. 아마추어 달림이가 운동화 끈을 매면 무조건 앞으로만 달릴 줄 알았지 다른 사람을 위해 내 기록을 포기하고 동반 주를 한다는 것이 얼마나 어려운가를 체험한 소중한 기회였다. 인생을 살아가면서 남을 위해 나 자신을 버릴 줄 아는 작은 깨달음을 얻었다고나 할까? 오늘 달구벌대로에서 즐거운 레이스 도우미로 보람된 하루를 보냈다.

2010년 4월 11일

2010년 춘천 마라톤 출사표

지루하고 지독했던 올여름 어느 해보다도 혹독하게 보내야만 했다. 훈련이 혹독했던 것은 아니다. 도서관에서 땀띠 나도록 까만 밤이 하얗게 될 때까지 낮과 밤을 보내야만 했다. 누구는 이제 좀 편하게 생활하지 뭘 더 해보려고 젊은 사람도 아닌데 힘들게 사서 고생을 하시느냐고 한다. 그러나 나는 해야 했다. 그리고 하였다. 그리고 노력의 결실과 보람도 맛보았다. 사업용 헬리콥터 면허시험에 합격했다. 올 연말에는 여름 찌든 폭염 속에서의 고생한 보람이 나타날 것이리라. 이런저런 사정으로 9월에야 본격적인 훈련을 시작하여 10월 초 하프마라톤까지 80%의 연습을 마무리하였다. 작년 여름 '춘천마라톤대회' 참가 접수하는 날 훈련 중 부상으로 연습 한번 못하고 미련하게 출전하여 엄청나게 고생한 생각이 난다. 황금들녘 풍요로움으로 가득한 시절에 난 가을의 전설을 완성하러 춘천으로 떠난다.

경인년 가을밤 고모령 기슭에서 중고 신사 홍성록.

마라톤대회 완주메달

마라톤 모습들

2005년 경주동아 마라톤대회 대회

2008년 경주동아마라톤 대회

고성에서 이봉주선수랑 2009년 달림이의 포문을 열고 ~

매년 1월 초에 가장 먼저 고성 마라톤대회가 열린다.

신문에 나온 나의 이야기

리더의 덕목

현대 사회를 이끌어 가는 리더들의 덕목은 과연 어떠한 것들일까?

몇 년마다 돌아오는 선거철만 되면 이 사회의 진정한 지도자가 있는가?

하면 뚜렷한 철학이나 전문 지식이나 지도자로서 갖추어야 할 기본 자질과 덕목에서 함양이 미달하여 보이는 상당수 인사도 이름 석 자를 내걸고 지도자를 자처하면서 나서는 안타까운 경우를 우리는 종종 서글픈 눈으로 바라볼 때가 있다.

진정한 지도자는 어떤 덕목을 갖추어야 할까? 우리는 감이라는 말을 가끔 쓴다. 감이란 사회 구성원 중에서 칭송받고 존경받으며 여러 사람을 사랑으로 감쌀 줄 알고 솔선수범하고 구성원들 스스로가 추대하고 싶은 마음이 생기도록 하며 또한 이점을 많이 누리도록 배려할 줄 아는 능력과 자질을 구비한 사람을 말할 것이다.

현대 사회의 진정한 지도자는 어떠한 자질을 구비해야 할까?

국방 리더십 센터장으로 있는 김종두 대령이 국방저널에 리더의 인격에 대해서 기고한 바가 있다.

이 글에서는 "리더십은 가르칠 수 없지만 배울 수는 있다."라고 한다. "선생님이 좋으면 과목이 재미있다."라는 말도 있다.

선생님은 학교의 리더인 까닭에 지식의 전달이 아닌 인격을 전수해야 하는 직분이다. 또한, 그렇게 되기 위해서는 꽃에 향기가 있는 것처럼 리더에게는 인격이 있어야 한다. 그랬을 때 조직원들은 무엇인가를 배우고 싶고 좋아하게 됨으로써 선망적 대상으로 삼는다. 수년 전부터 경영학에서도 인간 중심의 경영철학을 기업 운영에 도입했다. 최근에 리더십에도 인간 중심의 리더십을 강조하고 있다.

현대 리더십은 변혁 리더십(Transformational Leadership)이다. 변화와 혁신을 추구하면서도 도덕적 가치를 중시함으로써 구성원의 동기유발을 극대화하는 리더십이다. 그리고 여기에 필요로 하는 것이 바로 리더의 인격이다. 리더의 인격이 뒷받침되지 않으면 오늘날과 같은 지식 정보화 시대에 리더십을 발휘하기는 더욱 어려워진다. 따라서 리더는 다음과 같은 내용을 중심으로 인격을 갖추기 위해 노력하지 않으면 안 된다.

첫째, 독서를 많이 하는 일이다. '책을 한 권밖에 읽지 않은 리더가 가장 두렵다.'라는 말은 무식한 리더 밑에서 일하는 부하들의 고충을 대변해주고 있다. 독서는 리더십 역량의 자양분인 것이다.

둘째, 바른말을 하는 부하를 옆에 두고 지켜 주는 일이다. '예스맨' 보다는 정직하고 올곧은 삶을 살아가는 부하를 감쌀 줄 알아야 한다.

셋째, 멘토십(mentorship)을 발휘하는 것이다. '인간의 가치는 그 소유물에 의한 것이 아니라 그 인격에 있다.' '리더십이란 인격 요소를 바탕으로 지식 요소와 행동 요소를 결합해서 조직 목표를 달성해 가는 과정이다.'

이처럼 인격에 바탕을 둔 리더십 발휘가 요구된다는 것이다.

지도자를 꿈꾸거나 일선에 있는 우리 고향 사람들이 자부심과 긍지를 갖고 꼭 읽어보았으면 하는 책이 있어 소개한다. 이미 많은 사람이 보았겠지만 본 사람들은 두세 번 더 보고 안 본 사람들은 서너 번을 더 보아도 좋을 듯하다.

얼마 전 모 방송국에서 드라마로도 유명했던 이순신 장군의 삶과 국사와 인간적인 고뇌가 연민마저 느끼게 하는 '칼의 노래'를 권했다.

임금의 불신과 간신배의 모함으로 정치적 희생양이면서도 참군인으로서 국가와 백성을 위해 충성을 다 바친 성웅 이순신의 진정한 리더의 모습을 조금이나마 엿볼 수 있다. 이 책에서 뇌리와 가슴속 깊이 와 닫는 여러 면면이 있는데, 또 다른 책 '맨주먹의 CEO 이순신 장군에게 배워라'에서 그의 삶과 애환이 이순신 장군 어록이라는 한 구절의 시로 표현했다.

> 집안이 나쁘다고 탓하지 마라. / 나는 몰락한 역적의 가문에서 태어나 가난 때문에 외갓집에서 자라났다. / 머리가 나쁘다 말하지 마라 / 나는 첫 시험에서 낙방하고 서른둘의 늦은 나이에 겨우 과거에 급제했다. / 좋은 직위가 아니라고 불평하지 마라 / 나는 14년 동안 변방 오지의 말단 수비 장교로 돌았다. / 윗사람의 지시라 어쩔 수 없다고 말하지 마라 / 나는 불의한 직속상관들과의 불화로 몇 차례나 파면과 불이익을 받았다.
> –중략
> 나는 끊임없는 임금의 오해와 의심으로 모든 공을 뺏긴 채 옥살이를 해야 했다. / 자본이 없다고 절망하지 마라. / 나는 빈손으로 돌아온 전쟁터에서 열두 척의 낡은 배로 133척의 적을 막았다. / 옳지 못한 방법으로 가족을 사랑한다 말하지 마라. / 나는 스무 살의 아들을 적의 칼날에 잃었고 또 다른 아들들과 함께 전쟁터로 나섰다. / 죽음이 두렵다고 말하지 마라. / 나는 적들이 물러가는 마지막 전투에서 스스로 죽음을 택했다.

'곽재우 연구'라는 책이 있다.

전쟁에서 한 번도 패배한 적이 없는 장군 의병대장 천강 홍의장군, 바다에서 이순신 육지에서 곽재우가 있어서 임진왜란 당시 부산포로 상륙한 왜군이 호남으로 진출을 낙동강 선에서 저지하여 호남의 곡창지대가 보존되었다.

6·25사변 때 전쟁 막바지 최후의 보루였던 낙동강 방어선과는 위치적으로 정반대의 피·아 위치였다.

하여튼 곽재우 장군의 임금께 올린 거침없는 상소는 읽는 이의 간담마저 서늘하게 한다. 젊은 시절 장군은 자굴산 보제사에서 1천여 권의 서적을 독파했다고 전한다. 전쟁에서 패하지 않은 장군, 그가 구사한 전략과 전술 또한 우연한 것이 아니었다. 각종 병서를 탐독하고 이론과 실전에서 변화무쌍한 전술을 구사한 문무를 겸비한 장군이었다.

이순신 장군이 임금의 불신과 상관의 불의한 간섭과 신하들의 시기와 질투로 옥살이를 하고 파직을 당한 고초와 다르게 곽재우 장군은 관군으로 참여하라는 권유를 사양했는데, 그 이유가 전쟁에 임하는 장수가 군령을 받았으면 소신껏 지휘할 수 있는 지휘권이 보장되어야 하는데, 관군은 많은 간섭을 받아 작전수행이 어려워짐을 염려하였기 때문인 듯하다.

또한, 자신을 신격화시켜 스스로 하늘에서 내려온 천강 홍의장군이라 부르게 하여 부하들로부터 절대적인 우상으로 따르게 하여 믿음을 심어 주었으며, 적에게는 공포의 대상으로 떨게 하여 심리적인 우위를 유지하였다. 장군이 솔선수범한 사례는 가산을 털어 장졸들을 위하여 옷을 지어 입히고 먹이고 하며 노블레스 오블리주를 몸소 실천하였다.

향토지 '배곡'은 참신하고 진취적인 사례들이 잘 정리되고 좋은 자료가 많으니 꼭 한번 읽어보기를 권한다.

우리 고장은 예부터 인물의 고장 충절의 고장이다.

"청동을 거울로 삼는 자는 제 용모를 볼 수 있고, 사람을 거울로 삼으면 자신의 득실을 알 수 있고, 옛일을 거울로 삼으면 세상의 흥망을 알 수 있다"라고 채택(진나라 소왕 때 재상), 후진 타오 등이 말했다.

현대 사회를 살아가는 젊은 후배들 특히 지역사회 지도자를 자처하는 인사들이라면 이렇게 훌륭한 선조들과 위인들의 얼을 되새겨 고이 간직하고 자랑스러운 마음과 자긍심으로 배우고자 하는 자세로 기본 자질과 소양을 갖추고 주변을 잘 살필 줄 알고 주민과 같은 눈높이로 주민들 마음과 더불어 봉사 정신과 서비스 정신을 함양하면 더욱 훌륭한 지역사회 역군으로 거듭나리라 생각된다.

필자 홍성록은 의령군 낙서면에서 태어나 1983년 육군 장교로 임관하여 육군 항공 조종사가 되었다. 고려대학교 대학원을 졸업했으며, 전후방 주요 부대 참모와 지휘관을 역임했고 현재는 육군항공학교에서 '전투실험 처장'으로 근무하고 있다.

저서로는 석사 학위 논문 '우수 장교 확보를 위한 마케팅 전략에 관한 실증적 연구' 외 'CBT 기법을 적용한 교육 훈련 향상 방안' 등 다수의 논문을 발표하였다.

의령신문 2006년 2월 16일

상록수항공대 부대장 취임

"필승 정예항공부대 육성, 항공작전태세 확립"

낙서면 출신인 홍성록 중령이 지난 3월 7일 서부전선 최일선 상록수항공부대 항공대장으로 취임했다. 홍성록 중령은 취임사에서 "적과 싸워 반드시 승리할 수 있는 정예 항공부대 육성을 위하여 완벽한 항공작전태세를 확립하고, 군인의 본분인 '위국헌신'의 사명을 완수하기 위해 모든 역량을 집중하겠다."라고 다짐했다. 이날 행사를 주관한 상급부대의 임석 상관은 "탁월한 지휘능력과 해박한 전술 지식을 보유하고, 덕망과 우수한 자질을 겸비한 유능한 홍성록 중령이 이 부대를 지휘하게 되어 매우 든든하다."라고 훈시하였다. 홍 중령은 2003년에 중령으로 진급한 후 최정예 코브라 공격헬기 항공대대장을 성공적으로 수행하였고, 육군항공학교 교관과 처장 및 학생 대장 등을 두루 역임하였으며, 육군 제2작전사령부에서 항공작전 장교로 임무를 마친 후 이번에 상록수항공대 항공대장으로 다시 부임하였다. 홍 중령은 최근 천안함 피격, 연평도 포격 사태 등 북한의 도발이 극도로 자행되어 수많은 인적, 물적 피해가 발생함에 따라 즉각 응징이란 공격태세가 절실히 요구되는 현시점에서 야전 지휘관으로서 이 시대의 요구에 가장 적합한 지휘관이라는 평가를 받고 있다.

홍성록 중령은 낙서국민학교(39회), 낙서중학교(3회), 육군

제3사관학교를 졸업한 1983년에 육군 소위로 임관, 특공부대 소대장을 마친 후 병과를 육군항공 헬기 조종사로 바꾸어 지금까지 헬기 조종 2,000시간의 비행기록을 세우면서 다양한 전천후 항공 조종사로서 전후방 각지에서 다양한 임무를 수행하였다.

의령신문(박해헌 발행인) / 2011년 03월 22일

벽제중학교 학생 대상 안보교육

낙서면 향우 홍성록 중령은 지난 5월 12일 경기도 고양시 소재 벽제중학교에서 일일 청소년 안보교육 강사로 나서 학생들에게 올바른 국가관과 안보관을 일깨우는 교육을 시행했다. 'For Your Dreams'라는 제목으로 실시한 이번 교육은 6월 호국보훈의 달과 천안함 사태 1주기, 한국전쟁 62주년을 맞이하여 청소년들에게 '당신의 꿈을 위해' 지켜야 할 국가에 대한 안보의식을 고취시키기 위해 2학년 5반 교실에서 강의를 하며 방송장비를 통해 전교생이 동시에 청취하는 방식으로 진행되었다. 강단에 오른 홍 중령은 "여러분과 같이 어렸을 때부터 꿈을 지니고 군 복무를 하다가 북한의 공격으로 인한 천안함 용사들의 희생이 두 번 다시 일어나지 않기 위해, 또 힘이 없었을 때 비참하게 희생당했던 옛 선조들의 과거를 되풀이하지 않기 위해 안보의식과 국가관이 어느 때보다도 중요하다."라는 것을 강조했다. 또한 "우리 군은 싸우면 반드시 승리한다! 이를 뒷받침하기 위해서 무엇보다 우리나라의 미래요. 희망인 여러분들의 국가관과 안보관이 매우 중요하다."라고 강조하였다. 학생들은 이를 통해 그동안 알지 못했던 새로운 사실들을 깨달은 듯 수업 내내 열심히 강의를 청취하였다.

벽제중학교 김형철 교장 선생님은 강의 후 "파주지역은 최전방에 위치하여 여느 지역보다도 학생들의 안보의식이 필요한 곳인데 이처럼 야전 지휘관께서 직접 방문하여 교육을 해주셔서 대단히 감사하고 고무적이다."라며 감사의 뜻을 전했다.

의령신문 / 2011년 06월 18일

무사고 비행 2,000시간 달성

상록수 항공부대(항공대장 중령 홍성록)는 지난 4월 3일 무사고 비행 17,000시간 달성 기념행사를 했다. 부대 창설 이후 13년 11개월 동안 단 한 건의 사고 없이 달성한 값진 결실로 708일 동안 체공해 있는 시간과 같고, 비행 거리만 275만㎞에 이르며, 지구를 68바퀴 돈 것과 같다. 특히 상록수항공부대는 적의 어떠한 도발에도 반드시 싸워 이기기 위해 즉응 전투태세 유지와 지휘관을 중심으로 철저한 안전비행과 부대 관리에 대한 혼신의 노력을 통해 2011년 항공안전 최우수부대로 선발되어 최상의 전투력을 겸비한 전투형 항공부대임을 증명했다.

또한, 부대 무사고 비행 17,000시간 달성과 더불어 항공대장 홍성록 중령의 개인 무사고 비행 2,000시간이 동시에 달성되어 그 의미가 더욱 뜻깊다.

지휘관 홍성록 중령은 코브라 공격헬기 대대장을 역임하였으며, 공격헬기 전술적 운용에 대한 탁월한 식견과 풍부한 경험을 바탕으로 부임 이후 지금 당장 싸워 이길 수 있는 전투태세 완비를 통해 완벽한 임무 수행이 가능하도록 부대를 지휘하고 있다.

또한, 홍성록 중령은 육군항공에서 마지막으로 고정익 항공기 조종사 과정을 졸업하여 현재 고정익 항공기와 회전익 항공기를 조종하는 현역 유일한 항공대장이며, 항공기 시험비행 자격과 민간항공기 사업용 조종사 면허를 보유하는 등 항공분야의 전문가로 군 발전을 위해 최선의 역량을 발휘하고 있다. 특히, "조국의 영공을 수호한다는 숭고한 사명을 높은 자긍심으로 갖고, 더 큰 책임감으로 최선의 노력을 다할 것"이라고 각오를 밝혔다. 이날 행사에는 지역주민과 재 파주 '의령 향우 30여 명이 부대를 방문하여 민·군 우호 증진을 돈독히 하였다.

의령신문 / 2012년 04월 20일

제43회 한민족통일문예제전 우수상 입상

지난 2월에는 파주시장 봉사 표창도 받아

낙서면 출신인 상록수항공대 항공대장 홍성록 육군 중령이 11월 13일 민족통일중앙협의회 주최로 열린 제43회 한민족통일문예제전 일반부에서 우수한 성적으로 입상, 경기도 파주시장의 상장을 받았다. 시상식은 15일 오후 3시 파주시민회관에서 있었으며, 수상작품은 '철마는 달리고 싶다' '노병은 죽지 않는다' '도라산역에서 아들에게 편지를 쓴다'이었다.

홍 중령은 '한평생 무인으로 살아오면서 가끔 떠오르는 시상을 하나씩 모아둔 것을 출품하여 입상하긴 했지만, 전공 분야가 아니라 좀 쑥스럽다.'라며 '이번 수상을 계기로 앞으로 문예활동에도 적극적인 관심을 두고 문예 겸비의 모범적인 군인 상을 세워보도록 노력하겠다.'라는 수상소감을 밝혔다.

홍 중령은 이에 앞서 지난 2월에는 지역사회 봉사와 어려운 청소년들에게 따뜻하고 행복한 파주가 되도록 봉사한 결과 파주시장의 표창장을 받기도 해 지역 인사는 물론 지인들의 이목을 집중시킨 바 있다.

낙서국민학교(39회), 낙서중학교(3회), 육군 제3사관학교를 졸업한 홍 중령은 1983년에 육군 소위로 임관, 특공부대 소대장을 마친 후 병과를 육군 항공 헬기 조종사로 바꾸어 2003년에 중령으로 진급한 후 최정예 코브라 공격헬기 항공대대장을 성공적으로 수행하였고, 육군항공학교 교관과 전투 실험 처장과 학생대장 등을 두루 역임하였으며, 육군 제2작전사령부에서 항공작전 장교로 임무를 마친 후 지난해 3월 상록수항공부대 항공대장으로 부임, 현재까지 근무하고 있다.

그는 특히 지난 4월에는 부대 무사고 헬기 비행 17,000시간, 개인 무사고 헬기 비행 2,000시간을 달성해 기념행사에서 동료들의 부러움을 사기도 했다.

의령신문(박해헌 발행인) / 2012년 12월 01일

제43회 한민족 통일문예제전에 출품했던 작품 5편

철마는 달리고 싶다

아리수와 임진강은 오두산 기슭에서 만나
서해를 거처 태평양으로 유유히 뻗어가고
김포반도 갈매기 장단반도 갈매기
오락가락 반구정에 노닐 적에

용솟음치는 열정으로 박차고 이륙하여
푸른 하늘에서 조국 산하 굽어보니
녹음방초 우거진 강토 남쪽으로 삼각산이요
북쪽으로는 송악산이 지척인데

도라산 벌판에 멈추어 서 있는 저 철마
DMZ표 철조망 허리띠 벗어 버리고
붕붕 팡팡 기적 울리며 고구려 용사 말 달리든
저 광야로 힘차게 달려갈 날 앞당겨 보세.

(덧붙이는 말)
군인 조종사로서 최전방 일선에 근무하는 작가가 하늘에서 조국 강토를 굽어보고 분단된 현실을 안타깝게 노래하였다. 남쪽의 한강 물과 북쪽의 임진강물도 오두산에서 서로 만나 하나되어 서해로 흘러가고, 남북한 갈매기들도 한가로이 반구정에 노니는데 어찌 조국 강토는 155마일 철조망으로 허리가 묶여 있고, 가다만 철마는 도라산역에 멈추어서 있다. 열차가 자유롭게 다닐 수 있게 통일을 염원하며 쓴 글이다.

북쪽 장단반도와 남쪽 김포반도는 남북 분단된 현실을 뜻하고 반구정 갈매기와 임진강 한강 합류는 통일된 모습을 뜻한다. 도라산역은 '철마는 달리고 싶다.' 가다만 기차역이고 반구정은 황희 사당이 있는 남북 갈매기들의 서식지인 정자 좋은 곳이다.

도라산 역에서 아들에게 편지를 쓴다

북으로는 더 이상 달리지 못하는 열차가
멈춰 선 도라산역이다.

미련 많은 세월의 열차에 오르려는 사람과
내리는 사람들 사이
아! 나는 아직도 도라산역에 멈춰 서 있다.

삶의 차표 한 장, 군인 신분증 두 손 꼭 움켜쥐고서

아직도 통일의 열차를 북으로 보내지 못한 죄로
노병인 아버지도 마중 나와 서 있다.

이제껏 그침 없이 바람 찬 얼굴로 목젖을 할딱이며
때로는 어둠을 뿌리치며 힘차게 달려온 아버지가
통일의 열차를 북으로 밀어 올리기 위해 서 있다.

아들아! 너도 군인이기에 아버지를 용서하려마
통일이 되는 그날까지만 너도 군인이니까.

등 뒤로 떠밀려 오는 아쉬운 바람을 맞으며
왔던 길 되돌아가려고
눈물의 실향민 일행들이 다시 열차에 오르려 한다.

아들아!
너도 군인이기에 조국의 통일과 아버지의 소원을 말하거라
통일이 되는 그날까지 너도 군인이니까.

(덧붙이는 말)

분단된 조국 현실과 30년간 군 생활을 하면서 최전방에서 분단된 조국을 안타까워하는 마음과 산전수전 다 겪으며 거침없이 당당하게 살아온 지난날을 회고해 보니 모진 풍파 해치고 생

활해온 날들이 주마등처럼 스쳐 지나간다. 아비지의 뒤를 이어 장교로서 막 군 생활을 시작하는 아들에게 통일 과업을 이룰 것을 미루고 쓸쓸히 퇴역하려는 작가의 마음과 눈물의 실향민의 쓸쓸한 심경이 깔려있다.

사향노루 한 마리

낯 설은 집 철망 속
눈에도 아른하게
고향 집이 밟히느냐

어느 때 본 머루 송이
아직
그 숲속에 있는지

지금도 하얀 구름
청솔 새로 여전히 지나는지
마음만 늘 달려가느냐

고향 情 허기진 두 눈으로
발 모두고 선

오늘 네 사향노루 한 마리야.

(덧붙이는 말)

DMZ 철책 속에 갇혀 있는 사향노루를 보고 저 노루가 고향이 북쪽일 수도 있다는 생각이며 철조망 속에 갇혀 고향으로 돌아갈 수가 없다. 북한 이탈 주민 또한 고향이 그리워도 고향에 갈 수 없는 안타까운 심정을 사향노루에 비유했다.

하얀 구름이 청솔 새로 지나가고 머루 송이 영그는 고향은 작가의 고향이기도 하고, 생활에 얽매여 자주 가지도 못하고 고향을 그리는 작가의 마음이기도 하다.

외길 30년

무인으로 외길 30년 인고에 쌓인 애환과 희로애락으로 흘린 눈물과 땀과 시름 달래며 마신 술만 해도 마른논 서너 마지기는 적실성 싶다.

생과 사의 갈림길을 살얼음판 걷듯이 지나온 나날들

먼저 이 세상 하직하고 저세상으로 간 전우들의 영정 앞에 흘린 눈물 또한 얼마인가?

칠흑 같은 어둠 속, 이 계곡 저 고지에서 밤 지새우고 여명을 맞이하며

부스스 눈 비비며 동이 트는 아침을 맞이하기를 밥 먹듯이 하였노라.

짙은 땀 냄새 얼룩무늬 보람찬 하루 일을 끝낼 때 소주 한 잔으로 시름을 달랬다.

무인의 길 30년 돌아보며 폐부 깊숙한 곳에서 모닥불처럼 가물거리는 시상이라도 끄집어내어 볼거나.

(덧붙이는 말)

30년을 군인으로 살아오면서 고난과 역경을 많이 극복도 했지만 어렵고 힘들게 살아왔다. 수많은 위험이 도사리는 임무를 무수히 수행하였지만 어쩔 수 없이 고인이 된 전우들의 죽음 앞에 슬퍼했다. 힘든 야간 훈련을 밥 먹듯이 했고 땀 냄새 얼룩졌지만 지나온 날들을 회상하면서 글 쓰는 재주는 비록 없지만, 가슴속 한 모퉁이에 가물거리는 시상을 끄집어내 본다.

노병은 죽지 않는다

오랜 세월 높은 산 구름처럼 머물 곳 모르고 흘러가는 인생역정이 서럽기 도하다.

언젠가 내 머무를 곳이 그 어디메뇨? 정처 없는 발걸음 또다시 새로운 길을 가야 할 때가 다가오나 보다.

서산 석양은 반구정에 저물어가고, 도라산 기차 기적소리는
또 다른 방향으로 내 발길을 재촉하는데, 엄동설한 눈보라
차가운데 또 어디서 벗들과 술 한 잔 나눌거나?

(덧붙이는 말)

방방곡곡 돌아다니며 근무하다 퇴역을 앞둔 늙은 군인이 반구정에서 임진강과 한강의 합류 지점에서 노니는 갈매기들을 바라보며 쓸쓸한 마음을 노래하였다.

테러방지법이 마련되어야 하는 이유

전남매일신문 / 2015년 12월 4일

지난해 세계를 또 한 번 깜짝 놀라게 한 중대한 사건 중 하나는 프랑스 파리 테러 사건일 것이다. 2015년 11월 13일 프랑스 수도 파리 시내 한복판에서 자살폭탄 테러와 총기 난사 사건으로 120여 명이 죽고 많은 사람이 크게 다치고, 온 시내가 아수라장이 되었다. 시내에 무고한 젊은 친구들이 모여 있는 한 콘서트장에서는 100여 명이 총기 난사로 사망했다. 여기서 우리는 적대국에 대한 전쟁행위도 아니고 일반 선량한 시민들을 대상으로 한 테러라는데 주목해야 한다.

IS는 이슬람 수니파 무장단체로서 이라크 정부군을 무너트리고 내전 중인 시리아 반군과 결탁하여 그 세력을 확장하여 이슬람 국가를 선포한 거대한 조직이다. IS 핵심 요원은 3만 5천 명이며, 전투원으로 모집된 인원이 3만 명에 이른다. IS는 단순한 폭력조직을 능가한다. 은행을 강탈하고 유전을 탈취하여 자금력을 확보하였으며 인력과 자금 군수품을 모두 보유하고 있다.

대표적인 IS 지지 단체로는 필리핀에 근거를 둔 '아부사야프', '방사모르 이슬람 자유전사(BIFF)' 등 18개국 31개 단체가 있는데, 이는 극단 이슬람 무장단체가 아시아 대륙에까지 확산되어

위기가 고조되고 있다는 증거가 아닐 수 없다.

이에 앞서 미국에서는 2001년 9월 11일 뉴욕 세계무역센터 110층 건물이 테러를 당하여 무너졌고. 미국 버지니아주 알링턴 소재 국방부 펜타곤이 테러범들의 공격을 받았다. 이 폭발 테러로 세계 90여 개국 2,800~3,500명의 무고한 사람들이 생명을 잃었다. 납치된 4대의 항공기에 탑승한 승객 250명 전원 사망, 세계무역센터 건물 가치와 테러 응징을 위한 긴급 지출 예산, 재난극복 연방 원조액 등 화폐가치로 환산하기 어려운 대참사가 발생하였다. 이 사건 이후 미국은 2010년 펜타곤의 "4개년 국방검토 보고서(Quadrennial Defence Report)"에서 국가 안보에 대한 위협으로 국가 간의 전쟁뿐만 아니라 공해상의 해적, 핵확산 국제범죄, 초국가적 테러, 국가적 재난의 중요성을 강조하고 철저하게 대비를 하고 있다. 그 예로 미국의 W 부시 대통령은 정치권과 국민의 동의를 얻어서 테러 행위와 관련이 있는 알카에다의 배후 이라크 정권을 공격하였으며 테러의 주범 알카에다 지도자 오사마 빈 라덴의 은신처를 제공하고 신변인도를 거부한 아프가니스탄의 탈레반을 궤멸시켰으나 그 후 유증은 아직도 이어지고 있다. 알카에다는 오사마 빈 라덴을 수장으로 한 이슬람 수니파 무장 조직이다. 탈레반은 최초 소련의 아프간 침공에 대항하기 위해서 아프간 남부지방에서 대학생을 중심으로 미국의 지원을 받아 성장한 이슬람 수니파 무장 정치 조직이며 걸프전을 계기로 미국과 등을 돌렸다.

우리나라도 안전지대 아니다

프랑스 파리 테러 사건이 일어나기 전에도 앙카라에서 평화 시위하던 사람들이 IS 폭탄 테러로 100여 명 이상이 목숨을 잃었으며, 이집트 상공에서 러시아 비행기가 IS의 공격으로 추락하여 200명 이상이 사망하였고 레바논 베이루트에서도 IS 테러로 40명이 죽었다. 우리나라에서도 2015년 3월 17일 한국에 와 있는 리퍼트 미국 대사를 흉기로 테러를 가하는 어처구니없는 사건이 발생했다. 우방국 대사의 목숨을 위험하게 한 테러범을 현장에서 잡고도 처벌할 적당한 법을 적용하기 모호한 상황이 발생하여 후속대책이 절실한 실정이다. 지금 우리나라와 전 세계는 테러의 위험 속에 전전긍긍하고 있다. 발 빠른 다수 국가들은 철저한 대비책을 강구하여 자국민의 생명 보호를 위해 최선을 다하고 있다. 우리도 정부나 정치권, 국민의 뜻을 모아서 신속히 테러에 대비해야 한다.

2001년 미국의 9·11 테러 이후 해외 우리 국민에 대한 테러 피해 건수는 무려 190건이 발생하였으며, 2010년 이후 이슬람 등 국내 테러 위협 인물로 의심되는 50여 명을 적발하여 추방한 사례가 있다. 이러한 상황에서 우리나라의 대테러 관련법은 1982년 1월 제정된 '국가테러 활동지침'이 고작이다. 이 지침도 공무원을 대상으로 하고 있기 때문에 일반 국민을 보호하는 것에는 실효성이 없다고 하겠다.

세계 각국의 테러 대비 실태를 보면 OECD 및 G20 외국 회원국 41개국 중 37개국이 테러방지법을 제정하여 테러에 적극적으로 대응하고 있다. 2015년 현재 우리나라에 거주하는 외국인 근로자는 59만 명으로 집계되고 있으며, 불법 체류자도 21만 2천 명에 육박하고 있다. 무슬림 2세는 6만 3천 명, 이슬람 예배소는 116개가 국내에 있으며 이슬람 집단거주지는 전국에 44개소가 있다. 이러한 거주지나 집합장소로 볼 때 외국인은 150만 명 이상 거주 또는, 은거가 가능하며, 불법 테러 집단이 은거할 여건이 충분히 가능한 상태로 우리의 대응은 너무나 미흡한 실정이다.

국민 보호 대책 시급

우리나라 기업이 시리아, 말리, 필리핀 등 테러 발생 위험 국가에 진출한 상황을 보면 27개 나라에 2,206개 기업이 진출해 있으며, 해외 파병군인도 16개국에 1,100명이 파병되어 있다. UN 안보리에서도 테러 제재 결의안을 채택하였으며, 영국에서는 보험회사의 인질 몸값 지급 불허 법을 적용하고 있다. 이번에 테러 피해를 크게 입은 프랑스는 테러 용의자의 전화, 이메일, 문자 메시지 등의 감청을 허용하고 있다. 중국에서도 최근 '국가 대테러 정보센터' 신설 등 반테러법을 적극적으로 추진 중이다. 우리도 해외 진출 기업인들을 포함한 국민의 안위를 위해서 하루빨리 테러 방지 법안을 통과시켜 적극적으로 국민 보호에 나서야 할 긴급한 상황에 처해 있다. 국민의 생명을 지키는 일보다 더 시급한 것이 무엇이 있겠는가? 유비무환의 정신으로 테러방지법 제정을 통한 테러 예방은 아무리 강조해도 지나치지 않다.

* 전남대 정치학 박사과정에서 국제정치학을 공부할 때 기고한 글이며 다음 해에 국회에 통과되어 입법되었다.

* 이때 동해 병기 백악관 청원운동에 적극적으로 동참하기도 했다. 아래의 글은 버지니아 한인회 회장님과 내가 메일로 주고받았던 내용 중 하나이다.

동해 병기 백악관 청원운동 페이지 1 / 1

동해 병기 백악관 청원운동

보낸사람 : Peter Kim 16.01.29 06:49 수신차단

홍성룍 교수님,

안녕하십니까? 미주 한인의 목소리의 피터 김 입니다. 2014년 버지니아 주의회에서 "동해 병기" 법안이 통과되면서 미국내 모든 교과서가 "동해 병기"로 엎데이트 되가고 있는 과정입니다. 하지만 아직도 장식용 지도와 출판물에는 "일본해" 단독 표기 되어 있고 미국을 제외한 다른 모든 나라 교과서/지도/출판물에도 "일본해"로 표기 되어 있습니다. 우리의 "동해"를 완벽하게 되찾아 오기 위해서는 오는 2017년 4월 24-28일 모나코에서 열리는 국제 수로 기구 (IHO) 총회에서 "동해 병기"가 통과 되어야 합니다.

하지만 광복 70년이 넘었는데도 아직도 "동해 병기"를 통과 못시키는 이유는 미국과 영국등 반대하는 나라들이 있기때문입니다. 미국은 "일본해" 단독 표기 인정이 오래된 정책이라고 발표 했습니다. 오래되고 잘못된 정책을 바꾸어 "동해 병기"를 인정 해 달라는 백악관 청원 운동을 지난 1월 6일에 시작했습니다. 30일내에 최소한 10만 서명이 되어야만 백악관의 정식 검토와 답변을 받아낼 수 있습니다. 하지만 청원 마감이 9일 밖에 안남았는데 9천명의 서명만 등록 되었습니다.

이제 "동해"라는 우리의 영해를 되찾아 오는 시민 운동은 현대판 독립운동이며 나랏일입니다. 한민족 핏줄을 타고난 사람이라면 누구나 모두 동참 해야 할것입니다. 백악관 청원 운동에 동참 해 주시고 주위에도 널리 권유 해 주시기를 부탁드립니다. 아래 서명 방법 설명서와 동영상을 널리 널리 공유 해주시기를 간곡하게 부탁 드리는 바 입니다.

http://eastsea2017.github.io/ - 서명 방법 설명서

https://www.youtube.com/watch?v=a0ouIKUT0dQ - 서명 방법 동영상

백악관 청원 운동에 서명이 저조해서 크나큰 걱정입니다. 이대로 간다면 미국 정부는 영원히 "일본해" 단독표기를 인정하는 정책을 이어갈것입니다. 그리되면 우리의 "동해"를 영원히 찾아올수 없을지도 모릅니다. 동해를 되찾아 오는것은 우리의 독도를 잘지키는 일입니다. 적극적인 동참을 호소합니다...

피터 김 드림,

미주 한인의 목소리

핸드폰: 703-597-4115

http://mail.daum.net/hanmailex/ViewMail.daum?method=print&folderId=id-%EB%... 2016-03-21

여행

상해, 항주, 소주 여행 / 2007년 12월 16일

내 아내와 딸 정현이랑, 정현이 대학 졸업 기념으로 딸 대학 졸업하는 해에 휴가를 받아서 가족여행을 떠났다. 상해 임시정부 청사와 임시정부 역사의 현장을 둘러보았다. 그리고 상해 동방 명주탑과 상해거리 아름다운 서호, 항주 소주의 정원들과 호구탑 등을 구경 잘하였다.

항주 호구탑

오사카 여행 / 2015년 11월 27일

아내와 둘이서 관광여행사 노란 풍선 상품으로 관광을 잘하였다.

내가 타고 간사이공항으로 비행한 T-Way 비행기 기장님이 현역 시절 함께 근무했던 김윤중 기장님이었다. 기내 방송에서 '여러분을 안전하게 간사이공항까지 모실 기장은 캡틴 김 기장입니다. T-Way.'라는 기내 방송을 듣고 나와 나의 아내는 반가워서 깜짝 놀랐다.

승무원에게 내 명함을 건네주고 승객 중 맨 마지막으로 남아서 기장님과 기념사진 찍고 잠시 짧은 시간에 옛 전우와 아름다운 만남의 시간을 가졌다.

오사카성 해저드를 직접 보고 싶어서 오사카로 여행코스를 잡았다. 천 명의 산타클로스들과 기념촬영도 했다. 도톰보리 수로와 야시장들을 쇼핑하였다.

오사카 천 명의 산타와 기념촬영

유럽여행 / 2016년 6월 30일~7월 초순까지

박세기 교수 내외와 우리 부부가 방학을 맞이하여 유럽으로 여행을 떠났다.

많은 곳을 보고 뙤약볕 아래 고생도 많이 했다. 거대한 로마제국의 영광이 아직 생생한 느낌이다. 박 교수 내외와 정겨운 추억을 만들었다.

이탈리아

- 로마의 하루 코스로 관광을 즐기고, 산타페 카프리섬에서 보트 타고 놀았다.

로마

- 바티칸시티, 베네치아 관광 의미 있고 건축물들이 대단했다.

스위스

- 융프라우에서 만년설을 산악열차를 타고 올라 한국산 컵라면을 먹었다.

모나코

- 그냥 구경

프랑스

- 니스해변 산책 바다 구경, 내가 다녀오고 1주일 후에 니스해변에서 테러가 발생하여 많은 사람이 죽었다.
- 콩코드광장 에펠탑 센강 루브르 박물관 관람

박세기 교수 부부랑 유럽여행 중 카프리섬에서

콜로세움

에펠탑

루부르 박물관

다낭 여행 / 2017년 12월 28일~2018년 1월 1일

김덕선 친구 내외와 우리 부부 두 가족이 다낭으로 휘리릭 송년 여행을 떠났다. 우리나라는 겨울이지만 다낭은 여름이라 따뜻한 나라에서 잘 놀았다. 2017년 12월 28일 목요일 늦은 밤에 대구공항에서 다낭행 비행기에 몸을 실었다. 호텔서 한숨 자고 호이안 시가지 둘러보고 투본강을 유람할 때 유람선 키를 선장 대신 직접 잡았다.

다음날 용오엔 왕조의 마지막 수도인 후에 왕궁과 티무엔 사원과 전통시장 관광 다음날 영웅사와 다낭 시내와 미케비치 해변 관광하고 2017년 다 내려놓고

2018년 1월 1일 귀국
새해 복 많이 받으세요.

다낭

중국 청도여행 / 2019년 12월 27일

2019년 12월 27일(금) 10시 40분 김해발 중국 청도행 대한항공에 몸을 실었다.

친구들 동부인하여 연말 나들이다.

2019년도 벽두에 이 멤버들이 서해안 대천해수욕장 간월암 등 국내 관광을 했다. 석화구이 가리비 조개를 잘못 먹어서 일행 모두 다 식중독으로 고생했다.

중국 가면 나이를 안 먹으려나.

2019년 1월 대천해수욕장 해변을 산책하면서 멀리 있는 좋은 친구와 역사적 교감을 했던 기억이 생생하게 떠오른다. 2017년도에는 다낭에 가서 2018년 새해에 귀국했다.

올해는 중국으로 하여튼 간다. 즐거운 추억 만들러 ~

1일 차

김해공항에서 출발 청도공항에 도착하여 근처 식당에서 칭다오맥주 반주하여 현지식으로 점심 식사하고 신호산과 잔교 먹거리시장, 야시장을 관광하고 망고랑 과일 사서 5성급 호텔 홀리데이인에 와서 친구들과 나누어 먹고 1일 차 여행 디브리핑하고 즐거운 여행 일일 차 마무리~

2일 차

5·4 광장 2008 올림픽 요트경기장 관광, 청도 맥주 공장 방문하여 칭다오맥주 시음. 못 먹는 사람 술까지 흑기사 한다고 기분 좋게 마시고 스카이스크린관광, 찌모루시장, 짝퉁시장 쇼핑, 뒷골목 포장마차 골목에서 주전부리하고 저녁은 삼겹살로 먹고, 마사지하고 휴식. '내일이면 귀국하는구나.' 친구들과 즐거운 여행길 행복한 길.

3일 차

친구들과 즐거운 여행 힐링하고, 청도공항에서 김해공항으로 귀국했다. 내려놓고 슬림하게 새해 시작하자고 다짐하며 새해를 맞이한다.

우리가 귀국한 후 며칠 후에, 코로나 19가 우환폐렴이라는 이름으로 전 세계를 강타하였다.

중국 청도

맺음말

글을 쓴다는 것은 어려운 일이다. 작가도 아니고 위대한 인물도 유명인도 아닌 내가 '회고록'을 써보는 용기를 냈지만 그리 간단한 일은 아니었다. 그러나 한평생 조종사로 몸담아온 삶의 현장과 세월이 순탄하지만은 않았다. 특별한 직업 때문에 주변의 관심을 많이 받은 것도 사실이다. 조종사가 평범하게 살아온 사람 사는 이야기와 나 혼자만의 일기 같은 것을 자서전이라 내놓으려니까 쑥스러움이 앞선다. 부대를 지휘하고 학생들을 가르치는 일이 어디 쉬운 일이겠나? 그 비결이 무엇이겠는가? 메르켈 독일 총리의 말처럼 "나 노력 많이 하였다." 내가 살아오면서 나의 이상과 나의 바람을 간추려 보았다. 그리고 나머지 인생의 시간 동안 실천해 보도록 노력할 따름이다.

나는 어떤 사람이고 싶은가?

1. 정의롭고 질서를 지키는 사람

2. 약자 편에서 그들을 위해서 도움을 주는 사람

3. 즐겁게 일하는 사람

4. 건강관리를 위해서 꾸준히 운동을 하는 사람

5. 아름다운 음악을 좋아하고 즐기는 사람

6. 가족을 잘 돌보고 시간을 함께 하는 사람

7. 이웃에 다정다감한 사람

8. 프린시피아 메네지멘타를 읽고 이해하는 사람

9. 종교적인 믿음을 갖고 성찰하는 사람

10. 가끔 친구에게 전화해서 안부를 묻는 사람

11. 절대 절대 포기하지 않는 사람

12. 여유를 갖고 천천히 가는 사람

초동 목부가 헬리콥터 조종사가 되어 30년 무사고 비행 전설의 조종사가 되었다.

육군항공학교 교관 할 때 국방 CBT 교육기법을 개발하여 군 교육의 과학화와 정보화 교육의 효시를 마련하여 국방부 장관 상장을 받았다.

코브라 항공대대 대대장으로 근무할 때 대통령님 앞에서 국군의 날 행사 헬리콥터 편대비행을 지휘하였다.

32년간 나라 지키며 국가 안전보장에 기여한 공로로 정부 표창 보국포장을 받았다.

대학교에서 교수를 하였다.

나이 환갑에 항공기 조종사가 '항공기 정비사 면허시험'에 도전하여 합격하였다.

나는 이렇게 살았다. 내가 나를 말할 때 이렇게 말할 것이다.

"그는 노력 많이 하였다."

2021년 동지섣달 옥포에서 홍성록 씀

부록

군 조종사가 되는 길

육군항공 조종사가 되는 길(장교)

육군항공 조종준사관이 되는 길

군 항공정비 부사관이 되는 길

조종사가 되는 길

항공 정비사가 되는 길

군 조종사가 되는 길

'군대 조종사가 되는 길', '군대 정비사가 되는 길', '조종사가 되는 길', '정비사가 되는 길', 이 모든 길 들은 내가 살아온 길이다. 군에서 조종사로 근무를 하면서 대학에서 교수로 재직하면서 내가 주변 지인들로부터 많은 질문을 받았던 부분들이다.

내가 살아온 길이기 때문에 상세하게 부록으로 남긴다. 그리고 항공기 정비와 조종 분야에 종사하는 인원수가 많은 육군 항공을 중심으로 설명을 한다.

군 조종사는 비행기는 공군이고, 헬리콥터는 육군 항공 소속이다. 조종사 숫자로 보면 육군항공 조종사 숫자도 엄청 많다. 공군과 해군에도 몇십대의 헬리콥터가 있다. 최근에는 해병대에도 헬리콥터 항공부대가 창설되었다.

먼저 군에서 조종사가 되려면 공군사관학교를 떠올릴 것이다. 그렇다. 그리고 공군 조종사 되기 위해서는 또 다른 길도 있다. 공군과 협약된 공군 군장학생으로 갈 수 있는 대학교의 '항공운항과'를 졸업하고 공군 조종사로 임관하는 길이 있다. 육군과 해군은 좀 다르다. 먼저 장교로 임관한 다음 조종사 선발 시험에 별도로 응시하여야 한다. 육군항공은 헬리콥터 조종사를 선발하며 그 인원이 항공사령부 규모이기 때문에 대단히 많은 인원이다. 군에서 복무를 마치고, 전역 이후에는 경찰항공, 해양경찰항공, 산림청항공, 소방항공, 의무후송항공 등 수많은 국가기관 항공대와 민간 항공회사에 취업을 하기 때문에 인기가 많은 직업이다. 따라서 내가 잘 아는 육군항공 조종사와 정비사 선발 절차에 관한 설명을 하고자 한다. 육군 항공 조종사 계급은 장교 신분으로 조종사로 선발하는 제도와 조종 준사관을 모집하는 경우 두 가지가 있다.

육군항공 조종사가 되는 길(장교)

육군항공 조종사로 선발에 지원할 수 있는 대상자는 중위 1년차인 장교이다. 장교로 임관하고 소위로 1년을 근무하면 대부분 중위로 진급한다. 그때 지원하면 된다.

지원 자격은 기본병과에서 소위로 임관 후 신임장교 지휘 참모과정을 수료한 자로 한다. 기본병과에는 전투병과 기술병과 행정 병과가 모두 포함된다. 군의관 법무장교 군종장교 등 특수병과장교는 조종사 지원이 불가하다. 기본병과에는 보병 포병 공병 방공포병 정보통신 병과가 해당이 된다. 기술병과에는 병기 병참 수송 화학병과 등이다. 행정병과는 인사행정 헌병 재정 정훈병과 등이 해당한다.

육군 '항공 조종 장교' 선발 요소는 해당 부대에서 근무하면서 지휘관으로부터 평가받은 근무평정 점수와 임관 과정과 보수과정에서 교육받을 때의 교육성적, 체력점수, 어학 점수, 심층 면접 점수, 자격증 점수인 잠재역량평가 점수로 선발을 한다. 좀 더 구체적으로 살펴보면 어학 평가는 영어 필기시험이나 유효기간 내의 공인된 점수를 제출하면 된다. TEPS, TOEIC, TOEFL 점수가 인정된다. 구술평가 OPIC, TEPS, TOEIC-SPK로 평가를 한다.

신체검사 합격자에 한해서 심층 면접을 볼 수 있다.

잠재역량 평가는 전투 임무 및 직무수행에 필요한 자격증과 자기개발에 관련된 자격증 등이다. 여기에는 전산, 한자, 한국사, 무술유단자 등이 포함되는데 자세한 내용은 매년 모집 요강을 참조해야 한다. 또한, 상장이나 표창장 수훈 실적과 항공 관련 항공운항이나 항공기 정비 전공자들은 유리하게 평가를 받는다.

신체검사 기준은 다음과 같은 기준을 충족하여야 한다.

시력은 나안 0.5 이상, 교정시력 1.0 이상, 굴절률과 색각이 정상이어야 한다.

각막 교정 시술 각막 이식이나 드림렌즈 시술자는 응시가 불가능하다.

PRK, LASEK, LASIK 시술자는 신체 검사일 기준 3개월 경과자는 응시가 가능하다.

육군항공 조종 장교 선발 절차는 다음과 같다.

응시 지원서 접수는 '국방 인사 정보 체계'에 접속하여 개별적으로 지원서를 접수한다. 그다음은 공인 어학성적을 제출한다.

신체검사는 가까운 군 병원에서 시행한다.

심층 면접은 육군항공학교에서 시행한다.

최종 합격자는 '육군 인사 사령부'에서 발표를 한다.

육군 항공 조종 준사관이 되는 길

육군 항공 조종 준사관 지원 자격은 군 인사법에 따른 임관 결격사유에 해당하지 않는 자이여야 하며, 복수 국적자는 지원이 불가능하다.

임관일 기준 나이는 25세 이상, 50세 미만이다.

학력은 고등학교 졸업 또는 동등 학력 이상인 자이다.

민간인이나 현역 남·여 구분 없이 지원이 가능하다.

육군항공 조종준사관 시험과목 구성은 다음과 같다.

1차 시험은 필기 평가로서 총배점은 45점이다.

간부 선발 도구와 국사 영어 점수를 반영한다.

영어점수는 20점이며 토익 토플 텝스 등 공인성적 점수를 제출하면 된다.

한국사는 배점이 5점이며 한국사 능력 검정시험 성적으로 대체 한다.

간부 선발 도구는 합격 불합격을 구분한다. 내용은 언어 능력, 자료해석 능력, 상황판단 능력, 지각속도, 공간지각 능력을 평가한다.

2차 평가는 체력검정, 자격증, 면접, 신체검사, 신원조사로 구분된다.

체력검정은 20점이며 1.5km 달리기, 윗몰 일으키기, 팔 굽혀 펴기를 측정한다.

신체검사와 신원조사는 합격 불합격을 구분 한다.

자격증 점수는 5점이며 면접 점수는 50점이다.

면접 평가 중점은 여러 가지 다양한 자료를 참고하는 것이 도움이 될 것이다.

신체적인 특성, 언어 표현의 명확성, 리더십 능력, 국가관, 안보의식, 상황판단능력, 지원동기, 성장환경, 개인 품성, 예절과 태도 등을 단정히 하여야 한다.

신체검사 기준은 다음과 같은 기준을 충족하여야 한다.

시력은 나안 0.5 이상, 교정시력 1.0 이상, 굴절률과 색각이 정상이어야 한다.

각막 교정시력 각막 이식이나 드림렌즈 시술자는 응시가 불가능하다.

PRK, LASEK, LASIK 시술자는 신체 검사일 기준 3개월을 경과해야 응시가 가능하다.

'육군 항공 조종 준사관' 선발 절차는 다음과 같다.

응시 지원서 접수는 육군 모집 홈페이지에 접속하여 지원서를 접수한다.

그다음은 공인 어학 성적과 한국사 능력 검정 성적을 제출한다.

신체검사는 거주지에서 가까운 군 병원에서 실시한다.

면접 평가를 실시한다.

신원조사 평가를 한다.

최종 합격자는 육군 모집 홈페이지에 발표를 한다.

군 항공정비 부사관이 되는 길

정비 부사관 지원 자격은 임관 일을 기준으로 만 18세에서부터 27세이다.

현역에 복부 중인 사람은 복무기간만큼 연령이 연장된다. 학력은 고졸 이상이다. 신체조건은 신체 등급 3급, BMI 등위 2급, 교정시력 0.6 이상이다.

색맹이나 색약 색각 자와 언어소통 제한자는 선발에서 제외된다. 문신은 경도 이하만 가능하다. 경도 문신이란 지름 7cm 이하, 2개 부위 합계 면적이 30㎠ 미만이어야 한다.

정비 부사관 선발 시험은 1차와 2차로 구분하여 실시한다. 배점은 다음과 같다.

1차 시험은 필기 평가와 지적 능력을 평가하며 점수는 50점 만점이다. 필기 평가는 한국사 능력 평가로 대체하며 점수는 10

점 만점이다. 지적능력 평가 요소는 공간 능력 평가, 지각속도, 언어 논리, 자료해석 능력을 평가하며 점수는 40점이다.

2차 시험은 직무수행 능력 평가 40점, 체력검정 10점, 면접 50점이다. 직무수행 능력 40점은 다음과 같이 세부적으로 구분된다.

전공학과 7점, 전공 수학 기간 6점, 자격 면허 20점, 잠재역량 중 자격증 점수 5점, 경력은 2점을 반영한다.

자격 및 면허 점수 20점은 기사 이상 20점이며, 산업기사 14점, 기능사 7점이다.

잠재역량 자격증 점수 5점은 한국어, 전산, 한자, 외국어, 한국사, 무도, 리더십 등 자격증이 해당한다. 경력 점수는 회전익 정비 경력 2점, 고정익 정비 경력 1.5점, 유사 계통 1점이다.

정비 부사관 선발 절차는 다음과 같다.

응시 지원서 접수는 육군 모집 홈페이지에 접속하여 지원서를 접수한다.

1차 평가에서 필기 평가와 지적 능력을 평가한다.

2차 평가에서는 직무수행 능력 평가와 면접, 체력검정과 신체검사를 실시한 후 종합 판정과 신원조회를 평가한다.

최종 합격자는 육군 모집 홈페이지에 발표한다.

조종사가 되는 길

조종사가 되려면, 먼저 조종사 시험에 응시하여 합격하여야 한다. 이러한 조종사 응시 자격과 응시 경력을 확보하기 위해서 어디서 조종사 양성 교육을 받을 것인가? 이러한 부분이 독자들이 궁금해하는 부분이라 생각된다.

먼저 군 조종사가 되어서 비행시간을 확보하는 방법이 있겠으나 군 조종사로 들어가기도 쉬운 일이 아니다. 다른 길은 대학교에 조종사를 양성하는 학과가 있는 대학에 진학하는 방법이 있다. 또 국토부에서 지정한 조종사 양성 전문 교육기관에 입학해서 항공기 조종을 배우는 방법이 있다. 이 길은 2년 정도 기간이 걸리는데 비교적 쉽게 할 수 있는 방법이라 생각된다. 그리고 항공사에서 자체 양성하는 전문 교육기관에 입학하는 방법도 있다. 또 다른 방법은 외국에서 외국 항공기 면허를 취득하여 국내 항공법규 시험에 응시하여 국내 면허로 전환 승인을 받는 경우도 있다. 현재 우리나라 국토부 항공안전법 규정에 따른 자가용 조종사 응시 절차를 아래와 같이 소개하고자 한다. 사업용 조종사와 운송용 조종사는 그다음 단계이고 비행시간 확보에 차이가 있고 필기시험 내용은 대동소이하기 때문에 자가용 조종사가 되는 방법만 설명한다.

항공 종사자가 되려면 항공안전법이 정하는 바에 따라 자격요건을 충족하여야 항공종사자 자격시험에 응시할 수 있다. 항공안전법 제34조 1항 항공종사자 자격증명 등에 따르면 항공업무에 종사하려는 사람은 국토교통부령으로 정하는 바에 따라 국토교통부 장관으로부터 항공종사자 자격증명을 받아야 한다.

다음의 각호의 어느 하나에 해당하는 사람은 자격증명을 받을 수 없다.

1. 다음 각 목의 그 분야에 따른 나이 미만인 사람
   가. 자가용 조종사 자격 : 만 17세
   나. 사업용 조종사, 부조종사, 항공사, 항공기관사, 항공교통 관제사 및 항공정비사 자격 : 18세
   다. 운송용 조종사 및 운항관리사 자격 : 21세
2. 제43조 제1항에 따른 자격증명 취소처분을 받고 그 취소일로부터 2년이 지나지 아니한 사람(취소된 자격증명을 다시 받는 경우에 한정한다)

* 조종사 자격증명 응시 경력은 다음과 같다.

1. 자가용 조종사

가. 자가용 조종사 비행기 또는 헬리콥터에 대하여 자격증명을 신청하는 경우 다음의 경력을 모두 충족하는 40시간(국토부 장관이 지정한 전문교육기관 이수자는 35시간) 이상의 비행경력이 있는 사람(해당 항공기에 대하여 외국 정부가 발행한 조종사 자격증명을 소지한 사람을 포함한다). 이 경우 비행시간을 산정할 때 지방항공청장이 지정한 '모의 비행 훈련 장치'를 이용한 비행 훈련 시간은 최대 5시간의 범위에서 인정하고, 다른 종류의 항공기 또는 경량 항공기 중 비행경력은 해당 비행시간의 3분의 1 또는 10시간 중 적은 시간의 범위 내에서 인정한다.

(1) 비행기에 대하여 자격증명을 신청하는 경우 5시간 이상의 단독 야외 비행경력(solo cross-country flight time)을 포함한 10시간 이상의 단독 비행경력이, 이 경우 270km 이상의 구간 비행 중 2개의 다른 비행상에서의 이륙·완전 착륙 경력을 포함해야 한다.

(2) 헬리콥터에 대하여 자격증명을 신청하는 경우 5시간 이상의 단독 야외 비행 경력을 포함한 10시간 이상의 단독 비행경력, 이 경우 출발지점으로부터 180km 이상의 구간 비행 중 2개의 다른 지점에서의 착륙 비행 과정 경력을 포함해야 한다.

2. 조종사의 응시 경력 종류는 자가용 조종사, 부조종사, 사업용 조종사, 운송용 조종사 등으로 구분되어 있는데 '사업용 조종사 시험'에 응시하려면 비행경력이 200시간 이상이어야 한다. 운송용 조종사는 비행경력이 1,500시간 이상이 되어야 응시 경력을 인정받는다.

* 자가용 조종사의 필기시험 과목과 범위는 다음과 같으며 전 과목 70점 이상 획득해야 합격이다.

1. 항공법규
   가. 국내항공법규
   나. 국제항공법규
2. 비행이론
   가. 비행원리, 항공역학 등 비행에 관한 이론 및 지식
   나. 항공기의 구조와 시스템에 관한 지식
   다. 항공기의 성능에 관한 지식
   라. 항공기의 무게중심과 균형에 관한 지식
   마. 항공기 계기와 그 밖의 장비 품에 관한 일반 지식
3. 공중 항법
   가. 항법의 기초 및 종류
   나. 항행안전시설의 종류, 기능과 이용방법
   다. 탑재 항행장비의 원리, 종류, 기능과 사용방법
   라. 비행 준비, 지상 운용, 이륙, 상승, 순항 강하, 착륙 등

단계별 비행절차 및 비상상황 대응절차

마. 자가용 조종사와 관련된 인적 수행 능력에 관한 지식(위협 및 오류 관리에 관한 원리를 포함한다.) 및 적용

4. 항공기상

가. 지구 대기의 구조, 열과 온도 등 기상 일반에 관한 사항

나. 다음의 기상 등에 관한 지식

(1) 대기압과 고도 측정

(2) 일기도 및 바람, 구름

(3) 기단 및 전선

(4) 난기류 착빙 및 뇌우

(5) 열대 기상, 북극 기상, 및 우주 기상 등

다. 항공기상 관측 및 분석에 관한 지식

라. 항공기상 예보에 관한 지식

마. 기상레이더 등 기상관측장비에 관한 지식

바. 그 밖의 항공기 운항에 영향을 주는 기상에 관한 지식

5. 항공교통, 통신, 정보업무

가. 교통관제 업무의 일반 지식

나. 조난, 비상, 긴급통신방법 및 절차

다. 항공통신에 관한 일반 지식

라. 항공정보 간행물, 항공 고시보 등 항공정보 업무에 관한 지식

* 자가용, 사업용, 운송용 조종사의 실기시험은 다음과 같으며 구술평가에 먼저 합격하여야 한다.

1. 조종기술
2. 계기비행절차(운송용 조종사에 한한다)
3. 무선기기 취급법
4. 공중 대 지상 통신 연락
5. 항법기술
6. 해당 자격의 수행에 필요한 기술

항공 정비사가 되는 길

1. 항공정비사 시험 응시 경력

가. 항공기 종류 한정이 필요한 '항공기 정비사 자격증명'을 신청하는 경우에는 다음의 어느 하나에 해당하는 사람.

(1) 자격증명을 받으려는 해당 항공기 종류에 대한 6개월 이상의 정비 경력을 포함하여 4년 이상의 항공기 정비 업무 경력이 있는 사람.

(2) 고등교육법에 따른 대학·전문대학(다른 법령에서 이와 동등한 수준 이상의 학력이 있다고 인정되는 교육기관을 포함한다) 또는 학점 인정 등에 관한 법률에 따라 학습하는 곳에서 항공정비사 학과시험의 범위를 포함하는 각 과목을 모두 이수하고 자격증명을 받으려는 항공기와 동등한 수준 이상의 것에 대하여 교육

과정 이수 후의 정비 실무경력이 6개월 이상 이거나 교육과정 이수 전의 정비 실무경력이 1년 이상인 사람.

(3) 국토부 장관이 지정한 전문 교육기관에서 해당 항공기 종류에 필요한 과정을 이수한 사람(외국의 전문 교육기관으로서 그 외국 정부가 인정한 전문 교육기관에서 해당 항공기 종류에 필요한 과정을 이수한 사람을 포함한다). 이 경우 항공기의 종류인 비행기 또는 헬리콥터 분야의 정비에 필요한 과정을 이수한 사람은 경량 항공기의 종류인 경량비행기 또는 경량헬리콥터 분야의 정비에 필요한 과정을 각각 이수한 것으로 본다.

(4) 외국 정부가 발급한 해당 항공기의 종류 한정 자격증명을 받은 사람.

나. 정비 분야 한정이 필요한 항공정비사 자격증명을 신청하는 경우에는 다음의 어느 하나에 해당하는 사람.

(1) 항공기 전자·전기·계기 관련 분야에서 4년 이상의 정비실무경력 있는 사람.

(2) 국토부 장관이 지정한 전문 교육 기관에서 항공기 전자·전기·계기의 정비에 필요한 과정을 이수한 사람으로서, 항공기 전자·전기·계기 관련 분야에서 정비 실무경력이 2년 이상인 사람.

2. 항공정비사 필기시험 과목

가. 항공법규

(1) 해당 업무에 필요한 항공법규

나. 정비 일반

(1) 정비 일반의 이론과 항공기의 중심 위치의 계산 등에 관한 지식

(2) 정비 분야와 관련된 인적 수행 능력에 관한 지식(위협 및 오류 관리에 관한 원리를 포함한다)

다. 항공기체

(1) 항공기 기체의 강도·구조·성능과 정비에 관한 지식

라. 항공 발동기

(1) 항공기 동력장치의 구조·성능·정비에 관한 지식

(2) 항공기 연료·윤활유에 관한 지식

마. 전자·전기·계기

(1) 항공기 장비 품의 구조·성능·정비와 전자·전기·계기에 관한 지식이며 각 과목 점수가 70점 이상 획득하면 합격이다.

3. 항공 정비사 실기시험 과목 및 범위

가. 비행기나 헬리콥터

(1) 해당 응시 항공기 종류의 기체 동력장치나 그밖에 장비품의 취급·정비와 검사 방법

(2) 항공기 탑재 중량의 배분과 중심 위치의 계산

(3) 해당 자격의 수행에 필요한 기술

나. 전자·전기·계기 관련 분야

(1) 전자·전기·계기의 취급·정비·개조와 검사 방법

(2) 해당 자격의 수행에 필요한 기술

항공 정비사 시험 실기평가는 작업형 실기와 구술평가를 병행한다.

항공 정비사가 되는 길은 항공 정비사 시험에 응시 경력을 충족하기 위해서 항공회사에 취업하여 경력을 쌓는 방법과 국토부에서 지정한 항공 정비 전문 교육기관을 수료하고 규정된 교육시간인 2,410시간(항공전자·전기·계기 과정은 1,725시간)을 충족하여야 실기시험 응시 자격이 부여된다. 필기시험에 합격하고 합격한 날로부터 2년 이내에 실기시험에 합격하면 항공 정비사 면허를 취득할 수 있다.